VLM

Ernst Modersohn

Was Kinder Gottes sind

Biblische Betrachtung

Verlag der
Liebenzeller Mission
Lahr

Die Deutsche Bibliothek – CIP-Einheitsaufnahme

Modersohn, Ernst:
Was Kinder Gottes sind : biblische Betrachtungen / Ernst
Modersohn. – Lahr : Verl. der Liebenzeller Mission, 2001
(TELOS-Bücher ; 7836 : TELOS-Taschenbuch)
ISBN 3-88002-715-3

TELOS-Bücher
TELOS-Taschenbuch 477 836

Umschlaggestaltung: Grafisches Atelier Arnold, Dettingen
Gesamtherstellung:
St.-Johannis-Druckerei, 77922 Lahr
Printed in Germany

Inhalt

Einleitung

Was Kinder Gottes *sind*? Wo man Gott nicht kennt, ist man schnell fertig mit einer Antwort. Man ist um Bezeichnungen nicht verlegen, die man auf die Kinder Gottes anwendet. Sie sind »Scheinheilige«, sie sind »Miesmacher«, »Duckmäuser« und »Betschwestern«, »Separatisten« und »Fanatiker« – und es gibt noch eine ganze Menge solcher Bezeichnungen.

Aber darüber zu reden lohnt sich nicht. Was kommt es auf das Urteil von Menschen an, die Gott nicht kennen?

Es kommt darauf an, was Gott von Seinen Kindern sagt, wie Er über sie urteilt und was Er von ihnen erwartet. Was sagt die Bibel von den Kindern Gottes? Welche Bezeichnungen gibt sie ihnen?

Die Heilige Schrift kennt viele verschiedene Namen, um das Wesen und die Aufgaben der Kinder Gottes zu zeigen. Jesus sagt: »Ihr seid das Salz der Erde. – Ihr seid das Licht der Welt. – Ihr seid die Reben. – Ihr seid Meine Freunde.« Paulus sagt: »Ihr seid der Leib Christi.« – »Ihr seid ein Brief Christi.« Petrus sagt: »Ihr seid lebendige Steine. – Ihr seid das auserwählte Geschlecht, – das königliche Priestertum, – das heilige Volk, – das Volk des Eigentums.«

So könnte man noch eine ganze Reihe von Stellen anführen, in denen ausgesprochen ist, was Kinder Gottes *sind*.

Wohlgemerkt, was sie *sind*. Nicht: was sie sein sollen! Viele haben sich angewöhnt, in die Bibel etwas hineinzulesen, was gar nicht darin steht. Wenn sie lesen: »Ihr seid das Salz der Erde«, dann sagen sie:

»Wir sollten das Salz der Erde sein.« Wenn da steht: »Ihr seid das Licht der Welt«, dann lesen sie: »Wir sollten eigentlich das Licht der Welt sein.«

Aber das steht nicht da! Da steht weder ein: »Ihr solltet« noch ein »Eigentlich«; da steht ein ganz schlichtes, klares, deutliches: »Ihr *seid*!«

Wir wollen es so stehen lassen, wie es dasteht. Wir wollen nichts hinzufügen und nichts wegstreichen. »Ihr *seid*!«

Wir reden nicht davon, was Kinder Gottes sein sollten, oder was sie eigentlich sein sollten, sondern was sie sind, wozu sie die Liebe Gottes, wozu sie die Gnade unseres Herrn gemacht hat.

Wir müssen einmal dafür aufwachen, was wir *sind*! Viele wissen noch gar nicht, was sie sind! Es gilt, im Glauben darauf einzugehen, was der Herr uns erworben und bereitet hat, wozu der Herr uns gemacht hat.

Deshalb wollen wir zusammen darüber sprechen, *was Kinder Gottes sind.*

Das Salz

Ihr seid das Salz der Erde. Wo nun das Salz dumm wird, womit soll man's salzen? Es ist zu nichts hinfort nütze, denn dass man es hinausschütte und lasse es die Leute zertreten.

Matthäus 5,13

Ihr seid das Salz der Erde! Ein gewaltiges Wort! Was für eine Aufgabe, was für ein Beruf!

Wer kann diese Bibelstelle auf sich beziehen? Wem gilt sie? Nicht ohne Weiteres jedem Menschen, das ist klar. Wem denn?

Wenn man einen Chemiker fragt, was Salz eigentlich ist, dann antwortet er mit einer Formel. Er nennt Salz: NaCl. Das bedeutet: Natrium und Chlor. Denn Salz ist eine wunderbare Verbindung von Natrium und Chlor. Natrium ist ein edles Mineral, Chlor ist ein starkes Gift. Wenn Natrium und Chlor sich miteinander verbinden, dann entsteht das kostbare, unentbehrliche *Salz*.

Ist das nicht ein merkwürdiger Vergleich? Was ist der Mensch seinem innersten Wesen nach? *Chlor*. Es ist wahr, was der Dichter Woltersdorf gesagt hat:

Was bin ich wenn es mich betrifft?
Ein Abgrund voller Sündengift.

Chlor sind wir, denn die Sünde hat uns durchdrungen wie eine Seuche. Und da hilft kein Bemühen und Bestreben: – »dem Sündengift ist nicht zu steuern.«

Aber mit dem giftigen Chlor geht das edle, reine Natrium eine Verbindung ein. Mit dem gemeinen, giftigen Sünder verbindet sich der herrliche Heiland. Und Natrium und Chlor ergibt: Salz.

Da verfolgt Saulus mit fanatischem Hass alle Christen. – Er ist voll Gift und Galle gegen die Jünger Jesu. In Jerusalem hat er sie verfolgt und dem Gericht übergeben; nun will er den Schauplatz seiner Wirksamkeit nach Damaskus verlegen. Mit den Vollmachten der Hohenpriester in der Tasche, reist er dorthin. In Damaskus weiß man von seinem Kommen und zittert vor ihm. Chlor!

Aber plötzlich, als er schon nah vor den Toren von Damaskus ist, umleuchtet ihn ein Licht vom Himmel, das ihn blendet. Eine Stimme fragt ihn: »Saul, Saul, was verfolgst du Mich?« Er antwortet: »Herr, wer bist Du?« – »Ich bin Jesus, den du verfolgst! Es wird dir schwer werden, wider den Stachel zu löcken!« – »Herr, was willst Du, das ich tun soll?«

Dieser Tag entschied über sein Leben. Das Natrium verband sich mit dem Chlor, der Heiland mit dem Sünder. Und was wurde daraus? Salz der Erde.

Eine wunderbare Verbindung!

Welch ein Segen ist dieser Mann geworden, nicht nur für Palästina, sondern für die ganze damals bekannte Welt, ein – Salz der Erde!

So ist es auch heute noch.

Noch heute geht der Herr dieselbe wunderbare Verbindung mit Sündern ein, um aus ihnen das Salz der Erde zu machen.

Ich denke an das bekannte Siegerländer Original: Ohm Michel. Was für ein Abenteurer und Verbrecher war er in seinen jungen Jahren! Chlor! Das ganze Siegerland zitterte vor ihm.

Endlich saß der gefährliche Mensch hinter Schloss und Riegel, zu zwanzig Jahren Zuchthaus verurteilt.

Als er an einem Sonntag Morgen zum Gottesdienst geführt wurde, entdeckte er im Kies des Hofes eine Glasscherbe. Schnell bückte er sich und hob sie auf. Die kam ihm gerade recht. Damit wollte er sich nachher die Pulsader öffnen, denn er war das Leben leid geworden.

Aber an diesem Morgen, während dieser Predigt, begegnete ihm der Herr. Da ging der Heiland mit ihm diese wunderbare Verbindung ein, die aus Chlor – Salz macht.

Nach seiner Begnadigung – nachdem er zehn Jahre abgebüßt hatte, wurde er begnadigt – welch ein gesegnetes Werkzeug in der Hand Gottes ist er geworden! Für wie viele Hunderte von Menschen wurde er ein Wegweiser und Führer zu Christus!

Er war Salz der Erde.

Und du, lieber Leser? Konnte der Herr schon mit dir diese wunderbare Verbindung eingehen? Hast du schon das Chlor in deinem Wesen erkannt? Es ist ein erschreckender Moment, wenn man seine Sünde erkennt, wenn man sieht: Ich bin verloren, ich habe gesündigt. Aber es ist auch eine glückliche Stunde, denn es ist die Stunde, in der Jesus diese wunderbare Verbindung mit dem Menschen eingeht, indem er aus dem Chlor unseres natürlichen Wesens das edle, würzende Salz macht.

Für wen also gilt das Wort: »Ihr seid das Salz der Erde«? Es gilt all denen, mit denen der Herr diese Verbindung eingehen konnte, die das Wunder einer neuen Geburt erlebt haben.

Gilt dieser Bibelvers auch dir, lieber Leser? Bist du schon mit deiner Sünde zu Jesus gekommen, damit Er dir deine Sünde vergibt und alle deine Gebrechen heilt (Ps 103,3)? Hast du schon erlebt und erfahren, wie Er in Seiner Gnade einen Bund mit dir einging, wie Er dir von Seinem Leben gibt? Dann gilt es auch dir. Dann sollst du nicht Salz der Erde *werden*. Dann – bist du Salz der Erde.

Was für eine wichtige Aufgabe hat doch Salz! Was ist das schönste Essen, das beste Gericht – ohne Salz? Es ist ohne Würze und fade, es schmeckt nicht. Und was wird aus unseren Essensvorräten – ohne Salz? Sie verderben, sie verfaulen.

Salz würzt, und Salz bewahrt vor Fäulnis.

Ohne das Salz der Gläubigen wäre die Welt ungenießbar für Gott, sie würde verfaulen.

Das zeigt die Geschichte von der Fürbitte Abrahams für Sodom deutlich. Da sagt Abraham zu Gott: »Willst Du denn den Gerechten mit den Gottlosen umbringen? Es möchten vielleicht fünfzig Gerechte in der Stadt sein; wolltest Du die umbringen und dem Ort nicht vergeben um fünfzig Gerechter willen, die drinnen wären? Das sei ferne von dir, dass du das tust und tötest den Gerechten mit dem Gottlosen, dass der Gerechte sei gleich wie der Gottlose! Das sei ferne von Dir, der Du aller Welt Richter bist! Du wirst so nicht richten.«

Der Herr sprach: »Finde Ich fünfzig Gerechte zu Sodom in der Stadt, so will Ich um ihrer willen dem ganzen Ort vergeben!«

Was für eine Zusage! So groß die Verdorbenheit durch die Sünde in Sodom auch ist, es soll der ganzen Stadt vergeben werden, wenn sich nur fünfzig Gerechte darin finden!

Nun denkt Abraham, es könnten vielleicht weniger als fünfzig Gerechte in der Stadt sein. Er bittet weiter. Wenn fünfundvierzig Gerechte in der Stadt wären – wenn es nur vierzig wären – oder nur dreißig – oder nur zwanzig – oder vielleicht nur zehn Gerechte! Und Gott verspricht: »Ich will die Stadt nicht verderben um der zehn willen.«

Wenn jetzt zehn Gerechten in Sodom gewesen wären, wem hätte die Stadt ihre Errettung zu verdanken gehabt? Den verachteten und verspotteten Frommen, über die man den Kopf schüttelte, die man für geistig minderwertig hielt! Ihnen hätte man seine Rettung verdankt.

Aber es waren keine zehn Gerechten in Sodom. Und darum ging die Stadt unter.

Wie viele Städte gibt es wohl heute, voll Sünde und Verdorbenheit, voll Dunkelheit und Verderben, über die ist längst der Arm Gottes zum Gericht erhoben, um sie zu vertilgen. Aber da sind einige Kinder Gottes, die suchen der Stadt Bestes und beten für sie zu Gott. Und die halten die Gerichte Gottes auf.

Da ist in einer Familie irgend jemand bekehrt worden. Vielleicht der Sohn oder eine Tochter. Die Eltern sind außer sich über ihr »missratenes« Kind. Der Vater ist wütend über die »neuen Anschauungen«. Um seines Glaubens willen muss dieses Kind viel ertragen. Aber – da ist ein Mensch, der voller Glauben für die nicht gläubigen Eltern und Geschwister betet. Was für ein Segen für ein Haus, für eine Familie, wenn ein Familienmitglied gläubig ist und für die Angehörigen betet!

In der Ewigkeit wird es sich einmal zeigen, was die Welt Gottes Kindern zu verdanken hat, wie das bloße Vorhandensein der Christen ein Segen für ihre Umgebung war.

Staatsregierungen und Länder nehmen nicht die geringste Notiz von der Gebetswoche, mit der Christen jedes Jahr beginnen. Aber Gott nimmt Notiz davon und antwortet auf die Bitten seiner Kinder indem er erhört und gewährt, auch wenn sie ganz normale Leute sind. Wenn auch viele an ihnen mit Verachtung und Geringschätzung vorbeigehen; sie sind doch *das Salz der Erde*.

Hast du schon darüber nachgedacht, wie viel davon abhängt, dass du ein gut würzendes Salz bist? Es kommt so viel darauf an, dass wir unsere wunderbare Aufgabe, unseren hohen Beruf erkennen, dass wir ein Salz und ein Segen sein sollen für unsere Umgebung!

Es gibt Menschen, die werden nicht vom Evangelium erreicht, wenn *du* es ihnen nicht bringst. Darum kommt so viel darauf an, dass du deine persönliche Verantwortung erkennst und darüber nachdenkst.

Da ist zum Beispiel ein gläubiger Kontrolleur bei der Bahn. Alle seine Kollegen um ihn herum sind nicht bekehrt. Was hat dieser gläubige Schaffner jetzt für eine Aufgabe? Er soll für seine Kollegen Salz sein. Die armen Eisenbahner! Wie wenige freie Sonntage haben sie doch!

Wenn einmal ein freier Sonntag kommt, dann kann ich es gut verstehen, dass der abgearbeitete Mann sagt: »Heute will ich aber mal ausschlafen!« oder: »Heute will ich aber mal mit den Kindern spazieren gehen!« Deshalb kommen viele nie in eine Kirche, sie hören nie die Botschaft von der Gnade, das Wort vom Kreuz.

Aber Gott hat diesen gläubigen Schaffner mit seinen nicht gläubigen Kollegen zusammen gestellt. *Er* soll jetzt ihr Prediger sein. Er soll ihnen jetzt mit Wort und Tat predigen, wer Jesus ist, und was für Ihn möglich ist.

Was für eine wunderbare Aufgabe! Welch eine hohe Verantwortung! Salz!

Da ist eine gläubige Hausangestellte in einem nicht gläubigen Hause. Ihre Arbeitgeber gehen nie in die Kirche. Göttliche und ewige Dinge liegen ihnen ganz fern. Kein Pastor kommt an sie heran. Aber Gott hat diese gläubige Angestellte ins Haus geführt, damit sie Salz sein soll für ihre Arbeitgeber. An dieser Angestellten sollen sie Anschauungsunterricht bekommen, was wahres, lebendiges Christentum ist.

Wenn eine Hausangestellte das liest, dann möchte ich ihr sagen: Was für eine große Aufgabe hat dir der Herr übertragen! Wie viel hängt von deiner Treue im Kleinen ab! Denke einmal an das junge Mädchen in Israel, die als Sklavin im Hause Naemans war. In 2. Könige 5 kannst du sehen, wie dieses junge Mädchen zum Segen für seine Herrschaft wurde. Denk daran, auch du in deiner Aufgabe, du bist berufen, Salz der Erde zu sein!

Und du, Hausfrau – wer kommt alles zu dir ins Haus? Merken alle diese Menschen, die in deine Küche kommen, dass sie die Wohnung eines Christen betreten? Denkst du daran, dass diese Menschen eine unsterbliche Seele haben? Denkst du darüber nach, wie du auch für sie Salz sein könntest?

So haben wir alle unsere Aufgaben, unser Missionsgebiet um uns herum, wo wir berufen sind, Salz zu sein.

Allerdings, wer Salz sein will, der muss zu Einem bereit sein, nämlich: sein Eigenleben, seine Ichbezogenheit aufzugeben. Wer sich selbst liebt und für sich selbst lebt, den kann Gott nicht als Salz gebrauchen!

Wenn Salz seine Aufgabe erfüllt und das Essen würzt, was passiert mit ihm? Es löst sich auf. Wo ist das Salz geblieben, wenn das Essen auf den Tisch kommt? Zeig mir einmal die Salzkörner, die in die

Suppe gekommen sind! Sie sind nicht mehr da. Sie haben sich aufgelöst. Sie haben ihren Dienst mit dem Leben bezahlt.

Das ist die Eigenschaft von Salz. Bist du dazu bereit? Viele Christen denken, so scheint es, dass sie dazu bekehrt sind, um die Gemeindeveranstaltungen zu besuchen. Natürlich werden Christen auch Gemeinschaft mit anderen Christen suchen. Aber das ist doch nicht der Zweck, zu dem wir bekehrt und wieder geboren sind, unsere eigene Erbauung!

Was heißt das eigentlich: sich erbauen? Ich fürchte, viele verstehen unter Erbauung nur, dass sie fromme Gefühle bekommen und eine gerührte Stimmung. Solche Erbauung nützt nichts. Sie hat gar keinen Wert. Wirkliche Erbauung besteht darin, dass wir hinein gebaut werden in den heiligen Tempel Gottes, dass wir unsere Ecken und Kanten verlieren, um tauglich zu werden für den Platz in Gottes Tempel, den er für uns bestimmt hat, damit wir andere – tragen lernen. Das ist Erbauung. Aber um fromme Gefühle zu bekommen, dazu sind wir nicht da!

Wie sagt Jesus? »Wo nun das Salz dumm wird, womit soll man es salzen? Es ist hinfort zu nichts nütze denn das man es hinaus schütte und lasse es die Leute zertreten.«

Mit dumm gewordenem Salz, das seine Salzkraft und Würze verloren hat, ist nichts anzufangen, rein gar nichts. Nicht einmal zum Düngen taugt es. Man kann es nur auf die Straße schütten.

Und wie verliert das Salz seine Würze? Wenn es immer im Salzfaß bleibt! Das Salz gehört nicht immer ins Salzfaß hinein! Es gehört in die Speisen hinein! – Du bist nicht dazu da, um dich mit Geschwistern, die deiner Ansicht sind, mit denen du dich gut verstehst, in das Salzfaß deiner Gemeinschaftsstunde zu setzen, um dich zu erbauen. Sondern der Herr ist die wunderbare Verbindung – NaCl – deshalb mit dir eingegangen, um Salz zu bekommen, mit dem Er die Welt würzen und vor Tod und Verderben bewahren kann. Weißt du das? Du bist bekehrt, um deinem Gott zur Verfügung zu stehen, wo und wie und wann Er dich brauchen will.

Da musst du natürlich deine eigene Behaglichkeit und Bequemlichkeit und Gemütlichkeit opfern. Wenn du für dich selbst leben willst, kann Gott dich nicht als Salz gebrauchen.

Viele Christen haben noch gar nicht erkannt, wozu sie eigentlich bekehrt und wiedergeboren sind. Sie denken, nun sei Gott für sie da. Nun stehe Gott zu ihrer Verfügung. Jetzt brauchten sie nur noch auf den Knopf des Gebets zu drücken, dann würde Gott fragen, was zu ihren Diensten stehe. Tatsächlich, das meinen manche. Aber nein, Gott ist nicht für uns da, sondern wir sind für Gott da! Das hat Jesus bezweckt, als er die wunderbare Verbindung mit uns einging.

Kind Gottes, bist du für Gott da? Stehst du Ihm zur Verfügung?

Wer sich seinem Gott hingegeben hat als williges Salz, der sagt nicht mehr: »Aber das kann ich nicht! Aber dazu habe ich gar keine Gaben! Nein, das geht über meine Kraft.« Sondern er sagt: Herr, ich bin für Dich da. Willst Du mich gebrauchen, – ich bin bereit! Du kannst mit mir machen, was du willst. Und wenn du mich nach Armenien schicken willst oder nach China – ich habe keinen eigenen Willen. Nur was Du willst, Herr!

Bist du bereit? Willst du das sagen? Und willst du nicht *nur so sagen*, sondern wirklich deinem Gott so zur Verfügung stehen? Darauf wartet Gott bei manchen Seiner Kinder schon so lange, dass sie endlich ihr Leben für sich selbst aufgeben, damit Er sie in Seine Hand bekommt, um sie zu gebrauchen als ein – *Salz der Erde*!

Das Licht

Ihr seid das Licht der Welt. Es mag die Stadt, die auf einem Berge liegt, nicht verborgen sein. Man zündet auch nicht ein Licht an und setzt es unter einen Scheffel, sondern auf einen Leuchter, so leuchtet es denn allen, die im Hause sind. Also lasst euer Licht leuchten vor den Leuten, dass sie eure guten Werke sehen und euren Vater im Himmel preisen.

Matthäus 5,14-16

Was für ein Wort ist das! »Ihr seid das Licht der Welt!« Das ist ja dasselbe Wort, das der Herr von sich selbst sagt: »Ich bin das Licht der Welt.«

Weil Er es ist, darum können wir es auch sein. Wie der Mond sein Licht von der Sonne bekommt, wie er das Licht reflektiert, das die Sonne auf ihn wirft, so sind auch wir berufen, nicht in eigenem, aber in göttlichem Licht zu leuchten.

In der Welt ist's finster, leuchten müssen wir,
du in deiner Ecke, ich in meiner hier.

Wie werden wir ein Licht? Wie lernen wir das Leuchten?

Da ist eine Kerze. Sie sieht wunderschön weiß und glatt und rund aus. Durch ihre Mitte geht ein Docht. Alle Vorbedingungen sind erfüllt, um ein Licht zu werden. Aber eine *Kerze* ist noch kein *Licht* – zwischen einer Kerze und einem Licht ist ein großer, ein gewaltiger Unterschied. Was eine Kerze zu einem Licht macht, das ist das – Feuer. Die Kerze muss angezündet werden, dann wird sie ein Licht.

Da ist ein Christ. Er hat eine christliche Erziehung. Er ist in eine christliche Schule gegangen. Er ist in der Lehre des Christentums unterrichtet worden. Ich sage das ohne jeden Spott. Im Gegenteil, ich erkenne es voll und ganz an, was Elternhaus und Schule und Kirche an einem Menschen tun. Aber was können Menschen am Ende nur erreichen mit ihrer Arbeit? Sie können nur Kerzen machen. Das Feuer, das eine Kerze erst zum Licht macht, das muss von Gott kommen. Das kann keine menschliche Erziehung und kein Unterricht vermitteln und geben.

Wie viele Kerzen gibt es unter Christen! Alle *menschlichen* Vorbedingungen sind erfüllt. Aber, um ein Licht zu werden, sind nicht nur menschliche Bedingungen und Vorbereitungen nötig, sondern eine Tat *Gottes*.

Lieber Leser, bitte erlaube mir jetzt eine Frage: Bist du eine Kerze, oder bist du ein Licht? Ich will dir nichts wegnehmen, wofür du dankbar bist. – Ich schätze es in keinem Fall gering, wenn du christliche Eltern gehabt hast. Im Gegenteil, das ist Gnade von Gott. Ich unterschätze es nicht, was Kirche und Schule dir gegeben haben. Aber – hat Gott dir auch schon etwas geben können? Konnte Er dich durch seinen Heiligen Geist schon anzünden? Darauf kommt es an. Ist schon das Feuer vom Himmel gefallen, um dich aus einer christlichen Kerze zu einem brennenden und scheinenden Licht zu machen?

Kerze oder Licht, was bist du?

Wenn das Feuer des Heiligen Geistes dein Herz noch nicht entzündet hat, dann fehlt dir die Hauptsache. Dann fehlt dir das Beste. Du musst angezündet werden! Willst du Gott nicht darum bitten? Sag ihm doch:

Ich liege, Herr, vor Deinem Angesichte,
um Deinen Heilgen Geist mir zu erflehn!

Und Er wird Ihn dir geben. Er wird Sein Feuer fallen lassen. Schon lange vor Golgatha war es ja der Wunsch des Herrn: »Ich bin gekommen, dass ich ein Feuer anzünde auf Erden, und was wollte ich lieber, denn es brennte schon!«

Wenn du diese Erfahrung gemacht hast, wenn der Herr dich angezündet hat durch Seinen Geist, dann kannst du leuchten, dann bist du ein Licht.

Nun gibt es aber sehr verschiedene Lichter. Da ist eine Klavierkerze. Prächtig sieht sie aus, schön gedreht, mit goldenen Sternen und Blumen verziert.

Und da ist eine Christbaumkerze. Sie ist viel kleiner. Sie ist auch viel dünner. Sie kann sich mit der schön gewundenen Klavierkerze gar nicht vergleichen.

Und da ist ein Nachtlicht. Eigentlich ist es gar kein richtiges Licht. Es ist eigentlich nur ein Docht. Ein ganz kleiner Docht, umgeben von einem runden Stück Papier wie mit einem Halsband oder Kragen. Und dieses kleine Ding schwimmt in einem Glas, das man zu drei Vierteln mit Wasser und zu einem Viertel mit Öl gefüllt hat.

Diese Lichter sind so verschieden! Wir wollen einmal ihre Unterhaltung belauschen. Sie reden sehr eifrig miteinander. Die Klavierkerze wirft sich in die Brust und spricht: »Ich bin eine Klavierkerze! Ich leuchte im Musiksalon. Ich leuchte zu herrlichen Sonaten und Symphonien. Mein Leben ist der Kunst geweiht – das ist ein Leben, das sich zu leben lohnt!«

Die kleine Christbaumkerze fängt auch an zu prahlen. »Ich strahle am Weihnachtsfest. Ich leuchte in glückliche Kinderaugen hinein. *Das* ist ein Leben, das sich zu leben lohnt!«

Da fängt die Klavierkerze wieder an. »Was du dir bloß einbildest! Wie klein bist du! Wie kurz ist dein Leben. Wie kannst du den Kinderlärm mit der erhabenen Kunst vergleichen, der ich diene!«

Das kleine Nachtlicht sagt gar nichts. Was soll es auch sagen? Wenn es etwas sagen würde, dann würde es bestimmt seufzen und sagen: Ach, ich beneide euch! Es muss so schön sein, so ein Leben zu führen wie ihr! Ich komme gar nicht aus dem Krankenzimmer heraus. Von der schönen Welt und vom Leben bekomme ich gar nichts zu sehen. Wenn ich es doch auch so gut hätte wie ihr! Ist der Streit und der Neid der Lichter nicht sehr dumm? Jedes Licht hat seine besondere Aufgabe und Bestimmung.

Wenn man die Klavierkerze auf die Zweige des Weihnachtsbaumes stecken würde, dann würde sie die Zweigen tief nach unten beugen, das würde gar nicht schön aussehen.

Und wenn man die Christbaumkerze am Klavier gebrauchen wollte, dann würde man die Noten nicht ordentlich sehen können, und wenn das Blatt umgeschlagen wird, dann würde die kleine Kerze durch den Luftzug ausgeblasen werden.

Oder, wenn man mit der Klavierkerze ins Krankenzimmer kommen würde, dann würde der Kranke geblendet die Hand über die Augen legen und sagen: »Bringt diese Kerze doch weg! Das kann doch kein Mensch aushalten!« Aber mit dem kleinen Docht, der auf dem Öl im Glas schwimmt, damit ist er zufrieden. Der ergibt ein so ruhiges Licht!

Merkst du, was ich sagen will? Ich will dir sagen, dass es sehr dumm ist, wenn du dich über andere stellst, als ob du besser wärst als andere. Und dass es sehr dumm ist, wenn du an anderen hochsiehst und sie beneidest. Kinder Gottes müssen es verlernen, auf andere herabzublicken; das ist Hochmut. Und sie müssen es verlernen, an anderen mit Neid heraufzusehen. Neid ist Sünde.

Aber: wie oft begegnet man diesen Sünden bei Christen! Hast du noch nie andere Christen beneidet, weil sie mehr Gaben hätten als du? Ich habe es früher sehr getan! Wenn ich auf einer Konferenz war und diesen und jenen Redner hörte, dann habe ich gedacht: wenn du doch auch solche Gaben hättest, solche tiefen Gedanken, so eine Erkenntnis! Da hörte ich einmal auf einer Konferenz in einer Ansprache einen Bruder sagen: »Es gibt Segnungen, die sind nicht für dich. Und es gibt Segnungen, die sind für dich!« Da fiel es mir wie Schuppen von den Augen. Da wurde ich frei von diesem hässlichen Neid. Da hörte ich auf, andere um ihre Gaben zu beneiden, da lernte ich es, Gott von Herzen dafür zu danken, dass er anderen solche Gaben gegeben hatte. Und als ich frei geworden war, da wurde ich auch froh.

Wenn du einen anderen Christ siehst, der größere und andere Gaben hat als du, dann beneide ihn nicht, sondern danke Gott dafür, und bitte den Herrn, dass er den anderen segnet. Es kommt gar nicht darauf an, wie klein oder wie groß der Platz ist, den wir zu erleuchten haben, sondern es kommt nur darauf an, dass wir an dem Platz, wohin Gott uns gestellt hat, als brennende und scheinende Lichter stehen. Man sucht an den Haushaltern nicht mehr, als dass sie *treu* erfunden werden.

Und *wo* sollen wir leuchten? Gott sagt uns, wo unser erstes Arbeitsfeld ist, auf dem wir uns zu beweisen und zu bewähren haben. Das Licht soll zuerst leuchten »denen, die im Hause sind«. Unser Haus, unsere Familie, das ist der Platz, an dem wir uns als Lichter auszuweisen haben.

Leuchtest du in deinem Haus?

Am liebsten möchte ich dich nicht selbst danach fragen, ob du das tust, sondern deine Frau! Deine Frau kann mir die Frage ob du leuchtest, besser beantworten.

Ich habe einmal mit der Frau eines Mannes gesprochen, der in der Bibelstunde in der Gemeinschaft sehr gut gesprochen hat. Ich habe gedacht: die Frau eines solchen Mannes muss sehr glücklich sein! In diesem Sinne habe ich auch etwas zu ihr gesagt. Sie sagte nur einen Satz: »Sie sollten meinen Mann einmal zu Hause sehen!« Ich werde diese Worte nie vergessen und das schmerzliche Lächeln, das sie begleitete. Dieser eine Satz zeigte mir einen Mann, der mit seiner Frau grob und unfreundlich umging, der auf seine Rechte als Mann pochte, der die Kinder hart und willkürlich bestrafte. Das alles konnte ich in diesem einen Satz hören. Ich wusste: Der Mann ist kein Licht! Zu Hause leuchtet er nicht.

Darf ich einmal deine Frau fragen, ob du zu Hause ein Licht bist? Was wird sie mir antworten?

Oder ihr Frauen, darf ich einmal eure Männer fragen? Es gibt so viele Frauen, gläubige Frauen, die ihrem Mann im Wege stehen. Anstatt zu leuchten durch ihren Lebensstil, predigen sie ihren Männern etwas vor, machen ihnen Vorwürfe – ist es da ein Wunder, wenn der Mann nicht zum Glauben findet?

Und ich möchte die Hausangestellten nach ihren gläubigen Arbeitgebern fragen und diese nach ihren Angestellten. Es kommt so viel darauf an, dass wir zu

Hause ein Licht sind! Wer zu Hause nicht leuchtet, der leuchtet auch außerhalb des Hauses nicht richtig.

Viele junge Leute, die Christen geworden sind, wollen sofort »in die Mission gehen«. Das ist schon sehr positiv. Aber zuerst gilt es, zu Hause zu leuchten, vor Vater und Mutter den Beweis zu bringen, dass es jetzt anders geworden ist im Herzen und im Leben. Bewähre und beweise dich erst zu Hause als ein Licht durch deine Lebensweise, und dann wollen wir davon reden, ob du in die Mission gehen sollst!

Zu leuchten – das ist unsere Aufgabe. »Lasset euer Licht leuchten vor den Leuten.« Manche wollen ihr Licht so gern verstecken, sie möchten einen Scheffel darüber stülpen, damit es ja niemand merkt. Nein, nein! Ein Licht ist nicht dazu angezündet worden, damit es niemand merkt, sondern damit es gesehen wird, damit es leuchtet. Wer sagt: »Das mache ich mit Gott in der Stille ab, das sind Privatsachen, die niemand etwas angehen«, der ist kein Licht, das ist sicher.

Nein, wir sollen unser Licht leuchten lassen vor den Menschen, damit sie zu sehen bekommen, damit sie sehen können, was es heißt, ein Kind Gottes zu sein. Unsere Art und unser Leben muss ihnen den Beweis bringen: Es lohnt sich, ein Christ zu sein.

Ja, sagst du vielleicht, das möchte ich auch sehr gern. Aber die Umstände erlauben es mir nicht. Wenn meine Verhältnisse anders wären, dann würde ich auch gern leuchten, aber in meiner Umgebung geht das nicht!

So? In deiner Umgebung geht das nicht? Deine Verhältnisse sind gerade der passende Leuchter für dich! Gott hat dich auf den Leuchter deiner Verhältnisse gestellt, damit du *da* leuchten sollst, wo du bist. Du möchtest lieber in einer Firma arbeiten, wo alle

Angestellten oder doch die meisten Christen sind, nicht wahr? Aber Gott hat dich gerade mit Absicht unter diese nicht gläubigen Kollegen gestellt und mit diesen spöttischen Leuten zusammengeführt. Da sollst du leuchten, damit diese Männer, die von Gott weit entfernt sind, an dir etwas sehen können von der Kraft des Evangeliums!

Wünsch dir keine anderen Verhältnisse, sondern lass da, wo du stehst, dein Licht leuchten. Diese Verhältnisse hat Gott so gefügt. Sie sind gerade der passende Leuchter für dich.

Das gilt nicht nur für Angestellte. Das gilt jedem. Ich kenne deine Verhältnisse nicht; ich weiß auch nicht, wer du bist. Aber ich weiß, dass es kein Zufall ist, dass du gerade in diesen Verhältnissen lebst, gerade da sollst du leuchten. Aber beachte: du sollst *leuchten*! Du hast es schon erlebt, wenn du eine Kerze ausgeblasen hattest, dass der Docht noch eine Weile weiterglimmt und sich dann ein stinkendes, graues Nebelwölkchen von dem glimmenden Docht erhob. *Leuchten* sollen wir, aber nicht glimmen und qualmen und schlechten Geruch verbreiten.

Aber unser Heiland ist so liebevoll, so barmherzig. Wir wissen von Ihm, dass Er den glimmenden Docht nicht auslöschen will. Nein, das tut Er nicht, Er möchte ihn lieber wieder anblasen, um ihn wieder anzuzünden, damit er wieder hell brennt. Denn Er will keinen qualmenden Docht haben, sondern brennende und leuchtende Kerzen. Jetzt lass mich eine Frage stellen. Sie ist sehr ernst. Was bist du: ein qualmender Docht oder eine leuchtende Kerze?

In christlichen Gemeinden gibt es Leute, die haben einmal etwas erfahren mit Gott, die können von ihrer Bekehrung erzählen. Aber irgendwie ist ihr Licht wieder ausgegangen. Nun leuchten sie nicht mehr, sie qualmen nur noch. Solche Menschen fügen der Sache Gottes großen Schaden zu und bringen seine Sache in der Welt in Misskredit. Sie leben wie Menschen, die Gott nicht kennen, sie schimpfen und tratschen, aber man kennt sie als Menschen, die in den Gottesdienst gehen. Da sind Nichtchristen schnell mit ihrem Urteil fertig: Mit den Christen ist es nichts, sie sind alle Heuchler!

Qualmst du oder scheinst du? Bist du ein Segen oder ein Unsegen? Diese Frage ist sehr ernst. Wenn wir anderen nicht zum Segen sind, dann sind wir ihnen zum Unsegen! Was für eine Verantwortung ist das!

Wenn du nicht mehr das bist, was du warst, wenn du nicht mehr in Verbindung mit dem Herrn bist wie früher – dann komm in Reue und Buße zurück!

Kehre wieder, kehre wieder,
der du dich verloren hast!

Überlege dir einmal, wie es wäre, wenn jemand an deiner Art, an deinem Leben Anstoß nehmen würde und – abgeschreckt würde und verloren geht!

Kein qualmender Docht sollen wir sein, sondern ein brennendes Licht, damit die Leute unsre guten Werke sehen und unseren Vater im Himmel preisen!

Noch eins, dann will ich dieses Kapitel beenden, auch wenn man noch viel darüber sagen könnte.

Du hast schon gesehen, wenn du eine Kerze angezündet hast, dass der Kopf vom Streichholz oder ein Stück vom Streichholz an der Kerze hängengeblieben ist und mit gebrannt hat. Das ergab dann eine hohe, flackernde Flamme. Das Wachs wurde schneller flüssig, als es verbrennen konnte und floss an der Kerze herunter. So ist die Kerze viel schneller verbrannt, als es eigentlich normal gewesen wäre. Weißt du, dass es solche Diebe oft auch am Kerzendocht der Christen gibt? Das sind die Sünden und Gebundenheiten, von denen manche nichtlos kommen und nicht frei werden.

Such einmal, ob vielleicht auch am Docht deines Lebens so ein Dieb frisst! Es gibt so viele gebundene Christen! Gehörst du vielleicht auch zu ihnen?

Wir wollen unser Leben verzehren im Dienst für den Herrn, ja, aber wir sollen unsere Kraft nicht verzehren im Dienst der Sünde! Hör auf, mit der Sünde zu spielen! Sonst kannst du kein Segen sein. Du kannst vielleicht vor deiner Gruppe stehen in der Sonntagsschule, im Jugendkreis, und – du bist gebunden. Du predigst anderen und wirst selbst verworfen! Schrecklich!

Hör auf damit, deine Sünde zu lieben und der Sünde zu dienen! Gib dein Leben, gib Leib, Seele und Geist deinem Gott hin! Damit dein Leben in Wort und Tat Ihn verherrlicht und preist!

Damit Er auch im Blick auf dich sagen könnte, mit Freuden sagen könnte: *Das Licht der Welt!*

Die Reben

Ich bin der Weinstock, ihr seid die Reben. Wer in Mir bleibt und Ich in ihm, der bringt viel Frucht; denn ohne Mich könnt ihr nichts tun.

Johannes 15,5

Mit den Reben ist es genauso wie mit dem Salz und dem Licht. Wir sind kein Salz von Natur; da muss der Herr erst die wunderbare Verbindung mit uns eingegangen sein, von der wir gesprochen haben. Wir sind kein Licht von Natur; wir müssen erst angezündet werden durch den Geist Gottes. Und wir sind auch keine Reben von Natur. Wir müssen erst Reben werden.

Dabei ist es wie beim Veredeln und Pfropfen im Garten. Wenn man eine gute Sorte Obst haben will, dann wird der Baum veredelt. Man schneidet seine Zweige oder seine ganze Krone ab und pfropft einen edlen Zweig darauf. Das wächst dann zusammen.

Auch wir müssen so abgeschnitten werden. Der Kopf muss herunter, unser Eigenwille. Und dann wird ein edler Zweig aufgesetzt, der Zweig aus der Wurzel Isais, wie Jesaja gesagt hat. So werden wir auch durch den Glauben Ihm einverleibt, so wachsen wir mit dem Herrn zusammen.

Bist du eine Rebe am Weinstock? Stehst du in lebendiger Verbindung und Gemeinschaft mit dem Herrn?

Dann beachte, was Jesus dir durch diesen Bibelvers zu sagen hat.

Das Erste ist: Die Verbindung mit dem Herrn darf durch nichts gehindert und unterbrochen werden.

Im Garten des Allianzhauses in Blankenburg, in der Nähe der Speisehalle, die bei der Konferenz gebraucht wird, steht ein niedriger Taxus. Es war mir aufgefallen, dass seine Krone welk und braun wurde. Aber ich hatte nicht untersucht, woher das kam. Ich dachte: er hat irgendeine Krankheit.

Da kam eine Schwester, die mehr vom Gartenbau verstand als ich. Als sie die braune Krone des Taxus sah, sagte sie: »Was ist denn mit dem?« Und sofort bückte sie sich, um die Sache zu untersuchen. »Ach«, rief sie, »da haben wir's!«

Was hatte sie denn?

Als der Taxus vor Jahren gekauft und gepflanzt worden war, da hing an ihm eine hölzerne Tafel, auf dem sein Name stand. Diese Tafel war mit einem Draht um seinen Stamm gebunden.

Nun war der Taxus gewachsen, war immer kräftiger und stärker geworden, und dann fing der Draht an zu drücken. Der Taxus wehrte sich gegen den Draht, so gut es ging. Die Rinde wuchs um den Draht herum. Aber am Ende ging es nicht mehr: Der Draht schnürte ihm die Kehle zu. Der Saft von der Wurzel kam nicht mehr durch – die Krone starb ab, erwürgt, erstickt.

Dieser erdrosselte Taxus ist mir zu einer Predigt geworden. Wie viel kommt doch darauf an, dass die Verbindung mit dem Herrn nicht unterbrochen ist!

Da ist Judas, einer von den zwölf Jüngern. Auch er hat so einen Draht! Das ist seine Liebe zum Geld. Jesus warnt ihn öfters. Er macht ihn aufmerksam – es hilft nichts. Judas löst den Draht nicht. Und der Draht bringt ihn um!

Gibt es auch heute Christen, die in der Schlinge von Geiz und Habsucht stecken? Ja, die gibt es! Welche traurigen Geschichten kann man da erleben!

Da ist Demas, ein Freund und Mitarbeiter von Paulus. Was für ein Vorbild hat er an dem Gott hingegebenen Leben des Apostels. Mit seinem ganzen Leben ist dieser Mann für ihn eine Predigt gewesen. Und an der Seite eines solchen Mannes gewinnt Demas die Welt wieder lieb und verläßt den Apostel und die Nachfolge Christi!

Gibt es auch heute solche Fälle? Es gibt wirklich genug! Wenn ein Christ sich nicht klar und bestimmt von der Welt abwendet, dann wird früher oder später die Liebe zu weltlichen Dingen das innere Leben ersticken. Bei vielen besteht dieser Draht in einer Sucht. Es gibt so viele gebundene Kinder Gottes!

Ich habe eine große Bitte. Willst du nicht einmal nachsehen, ob an deiner Rebe irgendein Draht sitzt? Bitte schau einmal genau hin! Die Verbindung mit dem Herrn darf nicht unterbrochen oder gestört werden. Bitte doch den Herrn:

Entdecke alles und verzehre,
was nicht in Deinem Lichte rein!

Lass Ihn dir alles zeigen! Aber lass Ihn auch alles verzehren! Damit kein Draht mehr die Verbindung mit dem Herrn einengt und einzwängt, bis das Leben stirbt.

Das sieht man nicht immer gleich. Dem Taxus sah man es auch nicht gleich an. Zuerst zwängte sich der Saft noch durch, so gut es ging. Dann fing er an zu kränkeln. Und endlich starb er ab. In unseren Gottesdiensten sitzen einige, die man für gläubig hält, und der Draht der Sünde hat sie erstickt und erwürgt.

Sieh genau hin, ob es bei dir etwa auch so ist! Und dann nimm den Draht weg, solange es noch Zeit ist! Noch etwas anderes will uns der Herr hier zeigen: Es gibt keine Gnade auf Vorrat. Es gibt Gnade Augenblick für Augenblick, aber nicht auf Vorrat. Wie kommt der Saft des Weinstocks in die Reben? Nicht ruckweise, sondern ununterbrochen.

Das ist eine sehr einfache Lektion, aber es gibt trotzdem Christen, die sie noch nicht richtig gelernt haben. Und es ist wichtig, sie zu lernen.

Ich will versuchen, es an einem Beispiel zu verdeutlichen.

Da ist ein gläubiger Lehrer. Bevor er in die Schule geht, betet er und bittet den Herrn um Ausrüstung. Im Gebet zieht er Kraft und Gnade an.

Seine Kollegen gehen schon auf dem Schulhof auf und ab. Öfters geschieht es, dass über seine Einstellung gestichelt wird, über entschiedenes Christentum gespöttelt usw. Dieser Christ erlebt die Gnade, still bleiben zu können. Er gebraucht die Gnade, die ihm am Morgen im Gebet gegeben wurde. Aber er *gebraucht* sie nicht nur, sondern er *verbraucht* sie auch.

Dann kommt er ins Klassenzimmer. Da geht's drunter und drüber. Und ehe er sich versieht, hat er sich aufgeregt, fährt er dazwischen, wird ungerecht – und der ganze Unterricht ist verdorben.

Wenn er doch einen Augenblick aufgeschaut hätte, als er die Hand auf die Klinke gelegt hatte. Wenn ein neuer Zufluss von Gnade gekommen wäre, er wäre nicht so aus der Fassung gekommen!

Gnade gibt es nicht auf Vorrat. Gnade strömt uns ununterbrochen zu. Aber wir müssen offen für diese Gnade sein. Wir müssen es lernen, in Jesus zu bleiben! Das ist die Sache, auf die es ankommt. »Wer in mir bleibt«, sagt Jesus. Nicht nur einen kurzen Besuch bei Ihm machen beim Gebet am Morgen, sondern in Ihm bleiben!

Stunde um Stunde hab in Ihm ich Ruh,
fließt Seine Kraft und Sein Leben mir zu.

Dann kommst du ganz anders durch deinen Tag hindurch, wenn du unter dem ununterbrochenen Zufluss der Gnade stehst, wenn du in Jesus bleibst!

Fragst du, ob man das kann?

Hätte Jesus das wohl gefordert, wenn man es nicht kann? Das ist meine Gegenfrage.

Bleibe in Ihm, und – du bringst viel Frucht!

Das ist das Dritte, was wir zu lernen haben.

Wir müssen erkennen, was unsere Aufgabe, was unser Lebenszweck eigentlich ist: wir sind dazu da, Frucht zu bringen. »Ich habe euch gesetzt, dass ihr hingeht und Frucht bringt.«

Was tut ein Winzer, damit seine Weinstöcke reiche und gut entwickelte Trauben tragen? Er schneidet alle überflüssigen Schößlinge und Triebe ab. Auch Weinblätter sehen sehr schön aus. Aber es kommt dem Winzer nicht darauf an, dass er viele Blätter bekommt. Er will *Trauben* haben. Und deshalb muss alles Überflüssige weggeschnitten werden, damit der Saft nicht unnötig verbraucht wird. Die Rebe soll ihre ganze Kraft darauf verwenden, gute, große Trauben hervorzubringen. Das ist ihre Aufgabe und Bestimmung.

Hier können wir etwas sehr Wichtiges lernen für unser Leben. Wir müssen uns konzentrieren, wir müssen uns beschränken. Als ich von dem Draht gesprochen habe, da hat es sich um Sünden gehandelt. Darum handelt es sich jetzt nicht. Es handelt sich hier um Dinge, die an und für sich ganz harmlos und erlaubt sind. Aber wenn wir uns ihnen hingeben, dann verzetteln wir unsere Kraft. Dann zersplittern wir uns, und – unsere Trauben geraten nicht richtig.

Ich sage gar nichts gegen die vielen Hobbys, die man heute hat: Sport treiben und technische Basteleien, Romane lesen und Musik hören. Ich sage nichts dagegen. Ich sage nicht, das wäre Sünde. Aber ich sage, dass diese Dinge eine Gefahr haben. Nämlich die, dass man seine Zeit darauf verwendet, die man anders anwenden könnte und sollte. Man hat nicht richtig Zeit zum Beten und Bibel lesen, weil man so in der Arbeit steckt und jede Menge Hobbys hat.

Ich will nicht einmal etwas gegen viel Arbeit sagen, obwohl das schon gefährlicher werden kann. Ich will sagen: Wenn deine Arbeit dir die Zeit wegnimmt, die du mit deiner Bibel verbringen solltest, dann hör damit auf!

Wir müssen uns beschränken. »In der Beschränkung zeigt sich erst der Meister.« Das gilt auch im Reich Gottes und – im Dienst für Ihn. Auch da – wie viel Kraft wird da zersplittert! Wie viel unnötige Geschäftigkeit! Wie viel Martha-Mühe für den Herrn, während es so wenig Marien-Stille zu Seinen Füßen gibt (vgl. Lk 10,38-42)!

Sicher, diese Beschränkung ist nicht immer leicht. Die Anforderungen sind oft so groß. Es gibt so viel Arbeit. Aber das enthebt uns unserer Pflicht nicht: wir *müssen* uns beschränken. Sonst kommt man in eine nervöse Hektik und Eile, man wird reizbar und schlecht gelaunt. Man hat immer »keine Zeit«, man wird immer »gestört«. So können Trauben sich nicht entwickeln.

Gibt es am Ende auch an deiner Rebe solche überflüssigen Triebe? Denkst du auch, dass du überall dabei sein musst, dich um alles kümmern und dass du über alles Bescheid wissen musst? Dann werden deine Trauben missraten. Du musst heute, jetzt gleich, das

Messer eines entschiedenen Entschlusses nehmen und diese überflüssigen Triebe abschneiden.

Willst du es tun? Willst du es jetzt tun? Ich fürchte, wenn du es nicht gleich tust, dass es dann dabei bleibt. Deshalb bitte ich dich herzlich: Tue es gleich jetzt!

Bitte, tue es!

Sonst tut es der Herr. Und das tut viel mehr weh. Es ist sicher, er tut es. Denn Er hat gesagt: »Eine jegliche Rebe an Mir, die nicht Frucht bringt, wird Er weg nehmen, und eine jegliche, die da Frucht bringt, wird Er reinigen, dass sie mehr Frucht bringt.«

So wie das kraftlos gewordene Salz, das seine Pflicht nicht erfüllt hat, weggeschüttet wird, um zertreten zu werden, so wird eine Rebe abgeschnitten und weggeworfen, die keine Frucht bringt. Das ist doch sehr ernst. So sehr ist das Fruchtbringen unsere Aufgabe, unser Lebenszweck. Und weil der Herr um jeden Preis Frucht haben will, scheut Er auch das Messer nicht, um die Reben zu beschneiden, damit sie ihre Kraft nicht zersplittern.

Merk dir ein kurzes Wort aus der Praxis für die Praxis der Reben: Was nicht fördert, das hindert. Es mögen an und für sich ganz erlaubte Sachen sein, harmlose Dinge, aber dieses Wort gilt für einen Christ, der seine Lebensaufgabe erkannt hat: Was nicht fördert, das hindert.

Aber was sind das für Trauben, die wir bringen sollen? Die Bibel sagt es uns ganz klar: »Die Frucht des Geistes ist Liebe, Freude, Friede, Geduld, Freundlichkeit, Güte, Treue, Sanftmut, Keuschheit« (Gal 5,22).

Das ist eine herrliche Traube mit köstlichen Beeren! Ist davon etwas an deiner Rebe gewachsen?

Wie ist das mit der Liebe? »Daran soll jedermann erkennen, dass ihr Meine Jünger seid, wenn ihr Liebe untereinander habt.« Ist dein Wesen die Verkörperung von Liebe? Verträgst du alles? Glaubst du alles? Hoffst du alles? Erduldest du alles (1Kor 13,7)? Suchst du nicht deinen eigenen Nutzen? Wirst du nicht bitter (1Kor 13,5)?

Und wie sieht es aus mit deiner Freude? Der Apostel schreibt: Seid *allezeit* fröhlich! Freut euch in dem Herrn *allewege*. Kennst du so eine Freude – alle*zeit* und alle*wege*? Es gibt so viele Christen, die diese Freude nicht haben! Gehörst du auch dazu?

Und dein Friede? Ist er wie ein Wasserstrom, wie der Prophet Jesaja gesagt hat, oder ist er nur wie ein dünner Bach, der schnell austrocknet, wenn ein paar heiße Sonnenstrahlen kommen?

Geduld. Bei den meisten steht sie nicht hoch im Kurs, ein energisches Wesen wird von vielen für erstrebenswert gehalten. Aber wenn jemand geduldig ist und sich etwas gefallen läßt, der ist »schön dumm«, wie man sagt. Bist du geduldig?

Und freundlich? Von Jesus lesen wir: »Da aber erschien die Freundlichkeit und Leutseligkeit Gottes.« Er war die Freundlichkeit in Person. Und so sollen auch Christen freundlich sein in ihren Beziehungen. Bist du das? Aber nicht nur freundlich ins Gesicht und unfreundlich hinter dem Rücken, sondern freundlich aus ganzem Herzen!

Und gütig? Gott ist gütig! Er lässt seine Sonne scheinen über die Bösen und über die Guten und lässt regnen über Gerechte und Ungerechte. Hier bekommen die Bösen den Sonnenschein zuerst, weil Er sie damit anziehen und gewinnen will! Deshalb sollen auch Seine Kinder gerade denen Güte zeigen, die noch fern vom Glauben an Gott sind, um sie zu gewinnen. Häufig sind sie es so wenig!

Treue – denn so ist das griechische Wort, das man sonst auch mit Glauben wiedergeben kann, an dieser Stelle wohl richtiger zu übersetzen.

Treue, das ist Zuverlässigkeit beim Halten von Versprechen. Christen sind Menschen, auf die man sich verlassen kann.

Sanftmut. Das ist schwerer Mut. Ja, es gehört Mut dazu, sanft zu sein. Grob zu sein, das fällt uns nicht schwer. Das brauchen wir nicht erst zu lernen. Aber Sanftmut müssen wir erst lernen in der Schule Jesu. Er hat gesagt: »Lernt von Mir, denn Ich bin sanftmütig und von Herzen demütig.«

Und als Letztes: Selbstbeherrschung.

Was für eine geschmackvolle Traube! Wächst sie an deiner Rebe?

Vielleicht noch sehr verkümmert und krüppelhaft. Woher kommt das? Hat es daran gelegen, dass ein Draht da war – du weißt schon, was ich meine? Oder hat es daran gelegen, dass du die überflüssigen Triebe nicht abgeschnitten hast? Dann weg damit, damit du Trauben bringst, richtige Trauben, damit der Vater geehrt wird!

Willst du, dass Er geehrt wird? Dann bring Frucht, viel Frucht! Denn Jesus hat gesagt: »Darin wird mein Vater geehrt, dass ihr viel Frucht bringt.«

Ja, aber – wird man dann nicht eingebildet, wenn man Frucht bringt? Wer bringt denn die Frucht? Bringt die Rebe die Frucht? Schneide doch einmal eine Rebe ab und stelle sie in eine Vase in dein Zimmer und sieh, ob sie dann Früchte trägt. Nein, die Rebe bringt die Frucht nicht, der *Weinstock* bringt sie! Wenn die Verbindung mit dem Weinstock unterbrochen wird, dann braucht man an Fruchtbringen gar nicht zu denken.

Nein, es liegt nicht an der Rebe, dass sie Frucht bringt. Das ist die Sache des Weinstocks. *Er* lässt die Frucht entstehen. Aber Gott sei Preis für Seine Gnade: der Weinstock bringt die Frucht durch Seine Reben. Er bringt sie in uns und durch uns. Ist das nicht Gnade? Ist das nicht Ehre? Dass Er in uns und durch uns wirkt und Frucht entstehen lässt?

Ohne Ihn gibt es keine Frucht! Ohne Ihn können wir nichts tun, gar nichts. Aber Er kann und will etwas in uns und durch uns tun! Willst du dich dazu dem Herrn zur Verfügung stellen, damit Er diese köstliche Traube mit den neun Beeren wachsen lassen kann?

Und wenn Er *die* wirken kann, dann wirkt Er auch die *andere* Frucht, die in der Rettung von Menschen besteht. Wenn Er *in* dir etwas wirken kann, dann kann Er auch *durch* dich wirken. Dann werden Menschen gewonnen durch das Zeugnis deiner Art und deines Lebens für Gott. Das ist Frucht, bleibende, ewige Frucht.

Möge der Herr es wirken bei allen, die dies lesen, dass sie sich Ihm vollständig zur Verfügung stellen, damit Er in ihnen und durch sie ausrichten kann, was Er sich vorgenommen hat und was Er haben will, nämlich dass wir Frucht bringen, mehr Frucht bringen, viel Frucht bringen.

Ihr Kinder Gottes, lasst euch dieses Wort ins Herz schreiben: »Ich bin der Weinstock, ihr seid die Reben. Wer in Mir bleibt und Ich in ihm, der bringt viel Frucht; denn ohne Mich könnt ihr nichts tun!«

Der Leib Christi

Ihr aber seid der Leib Christi und Glieder, ein jeglicher nach seinem Teil.

1. Korinther 12,27

Ein »aber« steht in diesem Bibelvers. Das Wort »aber« weist immer auf einen Gegensatz hin.

Da steht Josua vor seinen Volksgenossen und sagt ihnen: »Wählt euch heute, wem ihr dienen wollt. Ob ihr es mit Jahwe halten wollt oder mit den Göttern der Kanaaniter!«

Und dann legt er ein Bekenntnis ab: »Ich aber und mein Haus wollen Jahwe dienen!« Und wenn ihr alle euch anders entscheiden würdet, heißt das, ich trete dann in Gegensatz zu euch allen.

Wer zum Leib Christi gehört, der steht im Gegensatz zu der Welt rings herum. Es gehört nicht jeder Beliebige zum Leib Christi. Sondern wer dazu gehört, der hat ein Wunder erlebt, ein Wunder der Barmherzigkeit und Gnade Gottes.

Gehörst du zum Leib Christi?

Ich frage nicht: Gehörst du zu einer Gemeinde? Man kann zu einer Gemeinde oder Kirche gehören; man kann sogar Prediger oder Stadtmissionar sein, ohne zum Leib Christi zu gehören.

Es ist sehr schädlich, dass diese biblische Linie so vergessen und verwischt ist, dass man gar nicht mehr weiß, dass die erste Voraussetzung für *jede* Arbeit im Reich Gottes darin besteht, dass der Arbeiter oder die Arbeiterin eine Bekehrung erlebt hat! Wie viele stehen auf Kanzeln und an Rednerpulten und predigen, ohne bekehrt zu sein! Und wie viele besuchen die Gottesdienste der Christen, ohne lebendige Glieder am Leib Christi geworden zu sein!

Deshalb wiederhole ich meine Frage: Gehörst du zum Leib Christi? Was für ein Vorrecht und was für eine Gnade ist es, zum Leib Christi gehören zu dürfen, zu diesem wunderbaren, herrlichen Organismus, den der Herr sich aus allen Völkern und Sprachen und Nationen, aus allen Ständen und Klassen und Schichten, aus allen Denominationen und Konfessionen gesammelt und zubereitet hat!

Wer dazu gehören darf, der hat zwei große Beziehungen zu überdenken. Einmal die: Er ist als ein Glied abhängig vom Haupt; und die andere: Er ist in Liebe verbunden mit den anderen Gliedern am Leib.

Wer ein Glied am Leib ist, der ist abhängig vom Haupt. Nicht wahr, hier kann man gut vom Organismus unseres Körpers lernen. Welch ein Unterordnungs-Verhältnis ist das, in dem die Glieder zum Haupt stehen! Der Kopf gibt irgendeinen Befehl. Mit drahtloser Verbindung wird der Befehl übermittelt bis zu den Händen und Füßen. Die Füße setzen sich sofort gehorsam in Bewegung, und die Hände greifen sofort gehorsam zu. Was für eine Harmonie besteht in unserem menschlichen Körper!

Kommt es jemals vor, dass die Hände oder die Füße dem Kopf den Gehorsam verweigern? In einem gesunden Körper nicht. Wenn es vorkommt, dann ist das ein Zeichen, dass eine schwere Beschädigung vorliegt, dass ein Schlaganfall oder eine Lähmung ein Glied dienstunfähig gemacht hat. Aber ein gesundes Glied gehorcht dem Kopf, gehorcht ihm sofort.

Was sehen wir dann, wenn wir damit den Leib Christi vergleichen? Wie viel Ungehorsam der Glieder gibt es da! Wie selten werden die Winke und Weisungen unseres himmlischen Hauptes befolgt mit pünktlichem Gehorsam! Wie viel Eigenwille und Leben für sich selbst gibt es noch bei Christen!

Ist das nicht sehr traurig? Man meint fast, der Ungehorsam wäre ganz unvermeidlich, man könnte gar nicht immer gehorsam sein. Was hat der Apostel Johannes geschrieben? »Wir halten Seine Gebote und tun, was vor Ihm wohlgefällig ist.« Da sagt einer von sich und von seinen Lesern, die Christen sind: Wir halten Seine Gebote, wir sind gehorsam. Ist das etwas Besonderes? Das sollte die selbstverständlichste Sache der Welt sein, dass ein Kind Gottes von sich selbst sagt: Ich bin gehorsam! Denn durch jeden Ungehorsam fügen wir Gott Schmerz zu, der Sein Blut und Leben für uns gegeben hat!

Bist du gehorsam, oder bist du ungehorsam?

Ich liebe die Antwort so sehr, die ein alter Christ auf die Frage gab, woher es denn käme, dass er immer so glücklich und voller Frieden sei. Er sagte: »Ich habe mich daran gewöhnt, mir von meinem Gott nie etwas zwei Mal sagen zu lassen!« Ist das nicht eine sehr einfache Lektion? Hast du dich auch schon daran gewöhnt, dir von deinem Gott nie etwas zwei Mal sagen zu lassen? Ich fürchte, du lässt dir manches mehr als zwei Mal sagen! Wie oft muss der Herr auf dieselbe Sache hinweisen und sagen: »Kind, gib das auf! Tu das nicht! Und – man gibt es doch nicht auf! War es bei dir auch so?

Wenn du doch dafür aufwachen würdest, dass du deinem Haupt Jesus Gehorsam schuldest, pünktlichen, sofortigen Gehorsam schuldest!

Denkst du, er würde zu viel von dir verlangen? Niemals! Er weiß ja, wer und was wir sind! Sei doch voller Vertrauen! Er verlangt nichts, was über deine Kraft geht.

In 2. Korinther 2,9 stehen in der wörtlichen Übersetzung der Miniaturbibel drei Worte, die ich dir gern unterstreichen möchte. Sie heißen: »zu allem willig«. Bist du das? Bist du zu allem willig? Wirklich? Nicht nur in der Theorie, auch in der Praxis? Kann dein Haupt über dich verfügen, oder sagst du: nein, nur das nicht! Ich bin zu allem willig – nur dazu kann ich mich nicht entschließen! Ja, dann bist du eben *nicht* zu allem willig.

Wie lange hat der Herr schon Geduld mit dir gehabt! Wie lange hat er schon auf dich gewartet! Willst du nicht endlich aufhören, deinem eigenen Willen zu folgen und dich Ihm in Abhängigkeit und Gehorsam unterordnen? Im Gegenteil, du wirst die Freude der Abhängigkeit von Gott und der Unselbständigkeit erfahren!

Man kommt innerlich zur Ruhe, wenn man so ganz und gar abhängig vom Herrn wird. Das Leben ist so kompliziert, es gibt so viel Unruhe und Verwirrung durch jede Menge Fragen und Probleme. Und dieses komplizierte Leben wird so einfach, wenn man sich in die Abhängigkeit von Christus als dem Haupt begibt! Keine Entscheidung muss selbst getroffen, kein Entschluss selbst gefasst werden, man darf in allem fragen: Herr, was willst du, dass ich tun soll? Dann wird man erfahren:

»O, selig, nichts sein, nichts gelten,
auf Jesum nur wart' ich still.«

Von Jesus können wir lernen, was es heißt, gehorsam und abhängig zu sein. Es hat nie einen Menschen gegeben, der so unselbständig, so abhängig gewesen wäre wie Jesus. Er war gehorsam. Er tat nichts, ohne Rat und Anweisung von seinem Vater zu haben. Er tat keinen Schritt, Er ging keinen Weg, ohne vom Vater den Auftrag bekommen zu haben.

Das zeigte sich ganz besonders – um nur ein Beispiel zu geben – als er die Nachricht bekam: »Herr, den Du lieb hast, der ist krank.« Die Schwestern haben gar keine Bitte hinzugefügt: Komm und hilf! Wenn der Meister es nur wusste, so haben sie gedacht, dann kommt er von selbst. Aber – Er kam nicht. Er blieb noch zwei Tage an dem Ort, wo er war. Obwohl ihn sein Herz nach Bethanien zog – Er blieb, wo er war. Warum? Er hatte keinen Auftrag von seinem Vater.

Manche Geschichten könnten wir gar nicht verstehen, wenn wir das nicht wüssten, wie abhängig Er von Seinem Vater war. Sonst ist zum Beispiel die Geschichte von der kanaanäischen Frau nicht zu verstehen, wenn wir nicht daran denken, dass Er nur tat, wozu Er von Seinem Vater einen Auftrag hatte. Der allgemeine Auftrag, den Er hatte, hieß: nur zu den verlorenen Schafen vom Hause Israel. Darum lehnte Er die Bitte, ihr zu helfen, zunächst ab, weil sie nicht zum Volk Israel gehörte. Aber dann kam der Auftrag vom Vater, mit ihr eine Ausnahme zu machen, ihren Wunsch zu erfüllen, und sofort hat Er es getan, unbekümmert von der Tatsache, dass man jetzt denken könnte, Er wäre durch die Bitten der Frau weich geworden und überredet worden. Als ob Jesus ein harter Herr wäre! Er hatte nur keinen Auftrag vom Vater, als Er die Bitte zuerst abgelehnt hat!

Wir sollten es von Ihm lernen, nichts zu tun, nichts zu sagen, ohne einen Auftrag dazu zu haben! Wie viel

Worte würden unausgesprochen bleiben! Wie viel Dinge würden nicht geschehen!

Ihr Glieder am Leib Christi: tut nichts ohne Auftrag vom Herrn! Aber wenn ein Auftrag kommt, dann seid gehorsam! »Zu allem willig!«

Aber es wird Zeit, dass wir auch von der anderen Beziehung und Verbindung sprechen, in der wir mit den anderen Gliedern am Leib Christi stehen. Wieder können wir viel von den Gliedern unseres Körpers lernen.

Was für eine Liebe, was für eine Hilfsbereitschaft gibt es zwischen den Gliedern unseres Körpers!

Da habe ich mir – so nehme ich an – in die Spitze des kleinen Fingers der linken Hand einen Stachel eingezogen. Was passiert im gleichen Augenblick? Ich weiß nicht, was meine rechte Hand gerade tut. Aber ich weiß, dass sie alles stehen und liegen lässt, um schnell dem verwundeten Finger zu helfen. Es ist gar nicht nötig, dass ich der rechten Hand erst eine Ansprache halte und zu ihr sage: »Liebe rechte Hand, dem kleinen Finger der linken Hand ist gerade ein Unglück passiert, willst du nicht so gut sein und ihm helfen?« Nein, das ist gar nicht nötig. Die rechte Hand hilft der linken von ganz allein. So lieb haben sich die Hände!

Aber habe ich es bei den Gliedern am Leib Christi auch nicht nötig, erst eine Rede zu halten? Erst eine Bitte als Anzeige in die Zeitung zu setzen? Leider, da ist es nötig. Da ist zum Beispiel eine alleinerziehende Mutter. Jetzt ist sie krank geworden und findet deshalb keine Arbeitsstelle. Greifen jetzt die anderen Glieder am Leib Christi von allein zu? Oder müssen sie erst besonders gebeten werden? Muss erst eine Anzeige mit der Bitte um Unterstützung in die Zeitung gesetzt werden?

Gib dir die Antwort selbst. Hast du von allein und unaufgefordert geholfen?

Hier kann man von den Gliedern unseres Körpers wirklich viel lernen. Es ist ihnen ein Bedürfniss, zu helfen und den andern zu unterstützen. Kein Körperglied beklagt sich und beschwert sich, dass ihm zu viel zugemutet wird. Man könnte vielleicht denken, die Füße hätten sicher ein Recht, sich zu beklagen. Sie müssen den ganzen Leib tragen und bekommen dabei nicht das Geringste von der Welt zu sehen. Sie stecken den ganzen Tag in ihrem Gefängnis von schwarzem oder braunem Leder. Und sie tun geduldig ihre Arbeit und klagen nicht.

Denk einmal nach über die Hilfsbereitschaft deiner Körperglieder untereinander! Wie sich Hände und Füße ergänzen, Augen und Ohren, Mund und Nase, wie kein Glied Anerkennung und Beachtung für sich beansprucht, wie jedes nur für das andere da ist und lieben, dienen und helfen will. Denk einmal über das Beispiel nach, das dir deine Glieder geben und dann – schäme dich, dass es dir als einem Glied am Leib Christi so oft fehlt an Liebe zu deinen Mit-Gliedern.

Oder hat es dir etwa nicht daran gefehlt? War dein Leben, wie es sein sollte, geprägt von Liebe?

Vielleicht war es dir nicht gut genug, dich so zu erniedrigen? Dann sieh einmal Jesus an, wie er seine Kleider ablegt und eine Schürze anzog und sich herunter beugt, um seinen Jüngern die Füße zu waschen! Er ist nicht gekommen, damit er sich dienen lässt, sondern um zu dienen. Und du willst dich schämen zu dienen?

In vielen Familien gibt es einen stark beanspruchten Menschen; er heißt »Jemand Anders«. Wenn jemand die Arbeit nicht gefällt, dann kann sie »Jemand

Anders« machen. Wenn einem etwas zu schwierig ist, wenn man keine Lust oder keine Zeit hat, immer soll »Jemand Anders« die Sache machen. Dem armen »Jemand Anders« werden alle Arbeiten zugeschoben, die andere nicht gern machen.

Jetzt möchte ich dich fragen: Hättest du Lust, die Stelle dieses »Jemand Anders« anzunehmen? Bist du bereit dazu? Gern bereit? Wir dürfen den anderen lieben und uns für ihn einsetzen! Das ist kein Zwang, das ist ein Dürfen! Die Arbeit von »Jemand Anders« will niemand gern tun. Vielleicht willst du sie übernehmen?

Dienen und Lieben, Lieben und Dienen, das war die Aufgabe und Tätigkeit Jesu auf dieser Erde. Sollte das nicht auch für uns eine Ehre sein und uns Freude machen? Komm, wir wollen uns unserem Haupt, Christus, vollständig zur Verfügung stellen und für unsere Geschwister da sein, zum Lieben und Dienen!

Da ist es nicht nötig, erst zu fragen, ob diese Geschwister auch zu unserer Gemeinde gehören. Darauf kommt es ja nicht an. Wenn sie nur zum Leib Christi gehören! Darauf kommt es an. Wenn sie *das* tun, dann kommt es nicht darauf an, ob sie in dieser oder jener Frage anders denken – wir *gehören zusammen* als Glieder eines Leibes. Dann wollen wir uns nicht mehr bekämpfen und Kleinkriege gegeneinander führen; dann wollen wir uns lieben! Wir sind Glieder an einem Leib! Ihr Kinder Gottes, lernt das doch endlich und vergesst es nicht wieder! *Wir gehören zusammen!*

Weißt du, was ich mir wünsche?

Ich wünsche mir, dass du dir das jetzt vornehmen würdest: ich will sehen, ob Lieben und Dienen wirklich so wunderbar und froh machend ist. Ich bin sicher, wenn du einmal begonnen hast, dann wirst du nicht mehr damit aufhören, so gut wird es dir gefallen. Davon bin ich überzeugt. Dann wird dein Leben geprägt sein von Liebe.

Und so wird Gott verherrlicht, wenn wir in Gehorsam unserem Haupt zur Verfügung stehen und wenn wir in Liebe unseren Mit-Gliedern dienen. Willst du das? Denk doch daran, was der Apostel geschrieben hat: »Ihr seid aber der Leib Christi und Glieder, ein jeglicher nach seinem Teil.«

Ein Brief Christi

Die ihr offenbar geworden seid, dass ihr ein Brief Christi seid, durch unseren Dienst, zubereitet und geschrieben nicht mit Tinte, sondern mit dem Geist des lebendigen Gottes, nicht in steinerne Tafeln, sondern in fleischerne Tafeln des Herzens.

2. Korinther 3,3

Unser Gott hat vor langer Zeit einen Brief an die Welt geschrieben – das ist unsere kostbare, alte Bibel. Aber wie wenig wird dieser Brief beachtet! Bei den allermeisten liegt dieser Brief vergessen und ignoriert in der Ecke, wenn sie nicht sogar darüber spotten und sich lustig machen.

Da hat es der Herr in Seiner Barmherzigkeit und Liebe zu einer verblendeten Welt für gut befunden, neue Briefe an die Welt zu richten, auch in der heutigen Zeit. Was sind das für Briefe? Das sind die Kinder Gottes. Sie sind Briefe Jesu an die Welt.

Kind Gottes, weißt du das und bedenkst du das, dass du ein Brief Christi bist, an die nicht bekehrten Menschen in deiner Umgebung, in deinem Dorf und in deiner Stadt adressiert? Ein Brief Christi!

Ein Brief hat normalerweise zwei Teile: den Briefumschlag und den Briefbogen. Auch bei den Briefen Christi gibt es ein Äußeres und ein Inneres.

Wenn ein Brief ankommt, kann man oft schon an der Adresse erkennen, von wem er ist. Man kennt die Handschrift. Eine Mutter sieht es sofort, wenn es ein Brief von einem ihrer Kinder ist, die weit entfernt wohnen. Verliebte erkennen sofort die Handschrift ihrer Freundin oder ihres Freundes.

Erkennt man dich auch als einen Brief Christi, wenn man dein Äußeres sieht?

Ich fange mit dem Alleräußerlichsten an. Man soll Kinder Gottes erkennen an der Art und Weise, wie sie sich anziehen, an ihrer Kleidung. Paulus schreibt den Frauen: »Ihr Schmuck soll nicht auswendig sein mit Haarflechten und Goldumhängen oder Kleideranlegen, sondern der verborgene Mensch des Herzens unverrückt, mit sanftem und stillen Geist, das ist köstlich vor Gott (1Petr 3,3.4).«

Ist es nicht nötig, christlichen Frauen und Mädchen diese Bibelverse wieder in Erinnerung zu bringen? Muss man nicht auch gläubigen Frauen ernsthaft sagen: »Stellt euch nicht dieser Welt gleich«?

Als Christen haben wir das große Vorrecht, dass wir uns frei machen können von den Zwängen der Mode. Das betrifft zum Beispiel Frisuren oder unsere Kleidung. Mode kann uns wie ein Tyrann regieren. In einem Jahr sind die Ärmel ganz eng, im anderen ganz weit. In einem Jahr hängen sie noch über das Handgelenk, im nächsten hören sie schon am Ellenbogen auf.

Stell dich nicht dieser Welt gleich, indem du dich durch die Mode beherrschen lässt!

Vor etlichen Jahren habe ich einen Verein gegründet für junge Frauen. Da ist mir aufgefallen, welche wunderbaren Hüte an den Saalwänden hingen, mit vielen Blumen und Früchten, sogar mit ausgestopften Vögeln darauf. Ich konnte mir gar nicht richtig vorstellen, wie diese Hüte zu den Mädchen passen sollten, die meistens Dienstmädchen oder Ladenangestellte waren. Und erst recht konnte ich es nicht verstehen, wenn ich die vielen kleinen Münzen in der Kollekte sah. Diese aufwendigen Hüte und eine so armselige Kollekte!

Der Geist Gottes hat in diesem Verein gewirkt. Und ohne dass wir viel gesagt hatten, wurden die Hüte anders. Anstatt von »zoologischen und botanischen Gärten« hingen da einfache Matrosenhüte, ein Band herum, vielleicht noch eine Schnalle oder Spange, und das war schon alles.

Wie war das gekommen? Diese jungen Frauen hatten begriffen, dass ihr Schmuck nicht äußerlich sein sollte.

So wie die Hüte sich veränderten, so veränderten sich auch die Frisuren. An die Stelle der künstlichen Aufbauten trat jetzt ein einfacher Scheitel. Und sie sahen damit keinesfalls hässlicher aus, im Gegenteil, durch diese Schlichtheit und Einfachheit ihres Aussehens hatten sie nur gewonnen.

Liebe Christin, stell dich nicht dieser Welt gleich! Auch nicht durch tiefe Ausschnitte oder durchsichtiger Spitze über der Brust. Du bist ein Kind Gottes, und Kinder Gottes sollen in der Welt als Briefe Christi erkennbar sein!

Ich habe mich einmal sehr geschämt für meine gläubigen Schwestern. Ich war auf einer großen Konferenz. Ein junger Mann gestand mir, dass er auf sexuellem Gebiet nicht rein gelebt hatte. Und was war der Grund? Die aufreizende Kleidung mancher gläubiger Frauen und Mädchen!

Ein Brief Christi, Schwester! Ein Brief Christi, Bruder!

Aber das ist nur das Äußerliche, die Kleidung. Wichtiger ist schon unser *Gesicht*. Unser Gesicht beweist, dass wir Briefe Christi sind.

Wenn sich ein Mädchen eben verlobt hat, dann kann man es ihr ansehen, dass sie glücklich ist. Sie sieht so strahlend aus.

Nun, wenn Jesus sich mit uns verlobt hat, dann sollen wir nicht strahlen? Wenn dieses Glück in unser Herz kommt, dann sollte unser Gesicht nicht leuchten, dann sollten unsere Augen nicht diese Freude widerspiegeln? Wenn man sagen kann: »Das Los ist mir gefallen auf liebliches Land; mir ist ein schönes Erbteil geworden«, dann wird sich das doch auch in unserem Wesen ausprägen und zeigen. Das ist ganz selbstverständlich.

Ihr Christen, ihr seid es der Welt schuldig, ihr zu zeigen, dass ihr glückliche Menschen seid, dass Jesus ein liebevoller, freundlicher, barmherziger Herr ist, dass man es gut bei ihm hat! Weg mit den Wolken auf der Stirn! Da muss der Sonnenschein der Gnade zu sehen sein!

Als Mose auf dem Berg in der Gemeinschaft Gottes war, da leuchtete und strahlte sein Gesicht. Er musste sich eine Decke darauf legen, sonst wurde man geblendet von dem Glanz auf seiner Stirn.

Willst du auch so leuchten und strahlen? Dann musst du oft Gemeinschaft mit Gott haben. Dann musst du häufig in Kontakt mit Gott sein. Dazu gehört es, dass du dir Zeit nimmst zum Bibel lesen und zum Gebet. Wenn du so durch Sein Wort und durch das Gebet mit Gott in Verbindung stehst, dann wird sich Seine Herrlichkeit auch in deinem Gesicht widerspiegeln, und man wird dich als einen Brief Christi erkennen.

Ja, sagst du vielleicht, mein Gesicht ist nun einmal so, dass ich gar nicht so freundlich aussehen *kann*.

Wirklich? Du musst mir schon erlauben, hinter diese Bemerkung ein Fragezeichen zu machen. Ich bin schon Christen begegnet, deren Gesichtszüge an sich gar nichts Gewinnendes und Anziehendes hatten; aber in ihren Augen war der Friede Gottes sichtbar, und dieser Friede strahlte auf das ganze Gesicht ab.

Ich weiß nicht, ob Stephanus sehr schöne und regelmäßige Gesichtszüge hatte. Aber ich weiß, dass sein Gesicht leuchtete wie das Angesicht eines Engels, als er in den offenen Himmel schaute!

Mach es genauso! Lebe unter dem offenen Himmel der Gnade! Bleibe durch die Bibel und Gebet in Verbindung mit deinem Gott! Und der Glanz Seiner Gegenwart wird sich auch auf deinem Gesicht widerspiegeln. Ja, du wirst Ihm noch danken, dass Er deines Angesichts Hilfe und dein Gott ist (Ps 42,12)!

Einen Schritt weiter: Wesentlich zum Briefumschlag gehört unser Reden, unser Sprechen. An unseren Unterhaltungen soll man uns als einen Brief Christi erkennen.

Auf keinen Fall meine ich damit, dass wir immer fromme Reden führen sollen. Das kann kein Mensch. Wir haben berufliche Dinge, Familienangelegenheiten, geschäftliche Dinge usw. zu besprechen. Aber gerade bei diesen Gesprächen über normale und alltägliche Dinge sollen wir uns unterscheiden von Menschen, die Gott nicht kennen und uns ausweisen als Briefe Christi.

Unter Nichtchristen ist es häufig an der Tagesordnung, den Namen Gottes leichtfertig und gedankenlos zu gebrauchen. Es gibt viele, die kaum einen Satz aussprechen können, ohne »ach Gott«, »mein Gott, nein«, »lieber Gott« usw. darin zu gebrauchen.

Christen hören auf mit diesem Missbrauch. Sie wissen, dass in der Bibel steht: »Der Herr wird den nicht ungestraft lassen, der Seinen Namen missbraucht.« Sie lieben den heiligen Namen Gottes viel zu sehr, als dass sie diesen Missbrauch mitmachen könnten.

Aber es gibt noch ein anderes Gebiet, wo wir uns der Welt nicht anpassen sollen. Das betrifft die Übertreibungen. Jesus hat gesagt: »Eure Rede sei ja, ja – nein, nein; was darüber ist, das ist vom Übel!« Und wie viele Übertreibungen gibt es auch bei Christen! Manche denken, gar nicht ohne Übertreibungen auskommen zu können. Es reicht heute nicht mehr, einfach zu sagen: »Es hat mir gefallen.« Es heißt: »Es hat mir super gefallen! Es war einfach spitze.« Wenn man nur sagen würde: »Es hat mir gefallen«, dann würde der andere es als Tadel auffassen und fragen: »Aber warum hat es Ihnen denn *nicht* gefallen?« So ist es heute. So sehr haben wir uns an Übertreibungen gewöhnt.

Das Wort »sehr« reicht schon lange nicht mehr. Es wird durch »äußerst«, »enorm« und »immens« ersetzt.

Wenn du dir das auch angewöhnt hast, lass dich bitten: gewöhne dir diese Übertreibungen und diese Kraftausdrücke wieder ab. Sonst kannst du der Sache des Herrn viel schaden. Denn wenn du gewöhnlich übertreibst, dann hält man es auch für übertrieben, wenn du Menschen Zeugnis gibst, dass ein Leben mit Gott gut ist. Wir bringen uns selbst um unsere Glaubwürdigkeit, wenn wir Übertreibungen und Kraftausdrücke verwenden!

Was von den Übertreibungen gilt, das gilt auch von Spaß und Witzen. Ich denke nicht daran, Langeweile und Miesmacherei zu vertreten und jedes Lachen und Fröhlichkeit zu verbieten. Aber ich muss auch sagen, dass man dadurch sein Gewissen schnell belasten kann. Man kommt in eine lustige Gesellschaft, man macht mit und hinterher hat man Gewissensbisse!

Und was für einen Eindruck macht so etwas auf Nichtchristen, die das hören! Ich kenne Fälle, wo

Nichtchristen gesehen haben, wie sich Christen etwas gehen ließen in ihren Unterhaltungen und wie sie dadurch abgehalten wurden, Christ zu werden. So ernst ist das!

Jener Christ hatte Recht, der gesagt hat: wir brauchen mehr Gnade, wenn wir uns im Kreis von Brüdern befinden, als wenn wir uns unter Gegnern befinden. Denn im Kreis von Brüdern ist die Gefahr vorhanden, dass wir uns gehen lassen und sündigen mit der Zunge.

Vielleicht sogar mit dem Reden über andere!

Wir wollen daran denken, dass man uns an unsren Gesprächen als einen Brief Christi erkennen soll. Deshalb wollen wir immer wieder bitten:

»Herr, bei jedem Wort und Werke
mahne mich dein Geist daran:
Hat auch Jesus so geredet?
Hat auch Jesus so getan?«

Aber jetzt wird es Zeit, dass wir den Briefumschlag verlassen und uns dem Briefbogen zuwenden.

Nichtchristen haben scharfe Augen. Wenn es irgendwo nicht stimmt – in der Familie oder im Beruf – sie finden es heraus.

Wie sieht es aus mit deinem Leben?

Als mein Freund, Pfarrer Girkon, gestorben war, habe ich um die Erlaubnis gebeten, seine Bibel einmal mitnehmen zu dürfen. Mich haben die Randbemerkungen interessiert, die er an verschiedenen Stellen gemacht hatte. Eine Bemerkung habe ich auch neben der Stelle 1. Thessalonicher 5,23 gefunden. Es heißt da: »Der Gott des Friedens heilige euch *durch und durch*, und euer Geist ganz, samt Seele und Leib, müsse bewahrt werden unsträflich auf die Zukunft unseres Herrn Jesu Christi.« Neben den Worten »durch und durch« stand am Rand die Bemerkung: *nicht bloß furniert!*

Weißt du, was »furniert« bedeutet? Jemand möchte einen Schrank haben, aber er soll nicht viel kosten. Schön aussehen soll er aber. Ein Schrank, der durch und durch aus Eichenholz wäre, der wäre zu teuer. Darum wird er aus billigem Tannenholz gemacht, und dann bekommt er aus Eichenholz eine ganz dünne Auflage. So könnte man denken, der Schrank wäre aus Eichenholz, aber wenn man ihn aufmacht sieht man, dass er nur furniert ist, nicht massiv durch und durch.

Nichtchristen merken schnell, ob du »massiv« bist oder nur »furniert«. Sie sehen nicht nur dein Äußeres an, sondern untersuchen auch dein familiäres oder berufliches Leben genau.

Wie ist es bei dir zu Hause? Wie sieht deine Ehe aus? Sieht man da Frieden und Harmonie? Oder gibt es manchmal auch Launen und heftige Szenen?

Jeder, der in dein Haus kommt, sollte merken, dass Jesus der Herr deines Hauses ist, dass die Gegenwart Jesu im Haus spürbar ist. Es kommt nicht darauf an, wie einfach oder aufwendig deine Wohnung ist, aber es kommt darauf an, dass es eine Hütte Gottes bei den Menschen, ist.

Sieh dir einmal die Bilder an, die an deinen Wänden hängen, die Bücher, die auf deinem Regal stehen! Von Hudson Taylor habe ich gelesen, dass er mehrere Male im Jahr sein ganzes Haus durchsucht hat um zu sehen, ob da nicht irgendein Zettel oder Buch oder Bild oder sonst etwas da war, was den Herrn betrüben würde bei Seinem Kommen.

Willst du nicht auch einmal so eine Hausdurchsuchung machen und nachsehen, ob alles an den Wänden und im Bücherschrank das Licht Gottes vertragen kann?

Wie sieht es aus mit der Beziehung zu deinem Ehepartner? Muss deine Frau manchmal über dich seufzen? Beklagst du dich manchmal vor anderen über deine Frau?

Und wie ist es mit der Erziehung deiner Kinder? Du bist doch nicht etwa ein Eli, der die Ungezogenheit seiner Kinder nicht hindert oder bestraft (vgl. 1Sam 2,22)? Die Bibel sagt, dass ein Bischof oder ein Diakon gut erzogene Kinder haben soll. Sonst wird sein Zeugnis als Christ beeinträchtigt und der Segen gehindert. So ist es aber nicht nur mit den Verantwortlichen in der Gemeinde. Bei jedem Gläubigen kommt so viel darauf an, dass die Kinder in Glaube und Leben erzogen werden nach dem Wort Christi.

Viele Eltern machen hier Fehler und verbittern ihre Kinder. Als sie noch keine Christen waren, ging der Vater am Sonntag Nachmittag mit seinen Jungs an den Bach und schnitt mit ihnen Pfeifen. Jetzt heißt es am Sonntag Nachmittag: »Alle fertigmachen zum Gottesdienst!« – »Vati, ich wollte doch mit den Nachbarn …« – »Da wird nichts draus! Du gehst mit zum Gottesdienst!« So wird das Christsein den Kindern unsympathisch gemacht.

Ich sage nichts dagegen, dass Eltern ihre Kinder, wenn sie alt genug sind, in den Gottesdienst mitnehmen. Aber wenn es so passiert, dass den Kindern die Sache Gottes als Druck erscheint, dann werden sie so bald sie es können versuchen, diesen Druck los zu werden und ihrem eigenen Willen zu folgen. Und wer ist schuld daran?

Und der Beruf: Wenn du Hausfrau bist, lass mich einmal deine Küche sehen! Wie sieht es da aus? Und in den anderen Zimmern? Ich habe einmal für jemand anders eine Wohnung angeschaut und habe dabei traurige Entdeckungen gemacht. Wohin ich kam, da hieß es: »Sie dürfen sich aber nicht umsehen!« »Nein, hier dürfen Sie nicht hinein schauen!«

Darf Jesus bei dir hineinschauen? Ist überall Ordnung und Sauberkeit? Lass mich einmal durch deine Wohnung gehen, und ich will dir sagen, ob du ein Brief Christi bist oder nicht!

Und wie sieht es aus bei der Arbeit im Büro, im Geschäft, in der Fabrik? Was sagt dein Vorgesetzter, dein Meister, wenn ich mich nach dir erkundige? Was für ein Zeugnis stellt er dir aus?

Manchmal bin ich Brüdern begegnet, die konnten in der Bibelstunde ausgezeichnet mitreden und anderen sagen, wie sie es machen sollten. Aber es fehlte bei ihnen an der Treue im Kleinen, an der Gewissenhaftigkeit in der Erfüllung der Berufspflichten.

Das ist kein Brief Christi!

An einem Ort, wo ich früher war, hat ein Mann gewohnt, der ein entschiedener Feind der Christen war. Plötzlich bekam er eine gefährliche Mittelohrentzündung. Die Krankheit schlug sich sofort aufs Gehirn und nahm ihm die Besinnung. Als ich das gehört habe, bin ich hingegangen, um zu sehen, ob ich vielleicht einen klaren Moment abpassen könnte, um ihm etwas von Jesus zu sagen. Als ich zu ihm kam, war er ganz verwirrt. In diesem Zustand redete er ununterbrochen und sehr schnell. Und worüber redete er? Über die Christen. Mit denen beschäftigte er sich. Es waren vernichtende Urteile, die er fällte. »Die Frommen taugen alle nichts. Sie sind scheinheilige Heuchler. Ich habe sie kennen gelernt. Ich weiß, was von ihnen zu halten ist. Aber die Frau Hartmann, das ist eine Christin! Das muss man sagen. Vor *der* Frau habe ich Respekt. Wenn sie alle so wären, wie die! Ich hab's erlebt, wie ihr der Mann starb, und wie sie mit den kleinen Kindern zurück blieb. Der ihr Glaube ist echt. Und ich hab erlebt, wie ihr das Haus abbrannte. Und trotzdem immer hoffnungsvoll! Ja, das ist eine Frau. Auf die Frau Hartmann lass ich nichts kommen!« So hat er in hohen Tönen das Lob der Frau Hartmann gesungen und wusste doch nicht, was er tat!

Wenn es möglich gewesen wäre, dass meine Achtung vor Frau Hartmann noch hätte steigen können, dann wäre sie jetzt gestiegen bei diesem Zeugnis aus dem Mund eines Feindes des Volkes Gottes. Was konnte ich aus diesem Zeugnis sehen? Frau Hartmann war – ein Brief Christi. Dieser Mann hatte sie beobachtet in guten und schweren Situationen, und sie war immer dieselbe, fröhliche Jüngerin gewesen, ob ihr Weg über Höhen oder durch Tiefen führte.

Ein Brief Christi!

Weißt du jetzt, was ein Brief Christi ist? Dann bitte Gott, dass er aus dir und mir so einen Brief Christi macht, lesbar von allen Leuten, erkennbar von Freund und Feind, zur Ehre Gottes und zum Segen von unsterblichen Menschen!

Ja, Herr, mach mich und jeden, der das liest, zu einem richtigen, lesbaren *Brief Christi*!

Gestorben

Ihr seid gestorben ... So tötet nun eure Glieder, die auf Erden sind, Unzucht, Unreinheit, schändliche Leidenschaft, böse Begierde und die Habsucht, die Götzendienst ist.

Kolosser 3,3.5

Ihr seid gestorben? Was heißt denn das? Wie kann Paulus so etwas schreiben? Was meint er damit?

Es ist ja klar, dass er nicht meint, die Christen in Kolossä, an die er schreibt, wären körperlich Gestorbene. An Tote kann man keine Briefe mehr schreiben. Das ist selbstverständlich.

Wer oder was ist denn gestorben? Der alte Mensch ist gestorben. Die Kolosser hatten im Glauben den Tod ihres alten Menschen angenommen. Sie waren, was den alten Menschen betrifft, »gestorben«.

Bist du auch gestorben? Kannst du diese Bezeichnung auf dich anwenden?

Diese Sache ist sehr wichtig. Darum wollen wir uns heute einmal klar und ausführlich darüber unterhalten. Ich habe schon in anderen Publikationen darüber geschrieben und ich werde bestimmt manches von dem wiederholen, was ich schon in anderen Büchern gesagt habe; aber ich denke, dass dieses Buch auch von Menschen gelesen wird, die sich über diese wichtige Angelegenheit noch nicht im Klaren sind. Und für die möchte ich gern schreiben.

»Ihr seid gestorben«. So schreibt der Apostel. Er sagt nicht: »Ihr müsst sterben.« Er redet von einer geschehenen Tatsache. Der Tod ist eingetreten. *Wo*

sind sie denn gestorben? Am Kreuz auf Golgatha, als Jesus starb, da sind sie auch gestorben. Das haben sie im Glauben ergriffen und erfasst.

Es ist eine Tatsache, die Paulus nicht einmal, sondern öfter bezeugt, dass unser alter Mensch am Kreuz gerichtet und gekreuzigt worden ist. An die Römer schreibt er im 6. Kapitel: »Wir wissen, dass unser alter Mensch mit Ihm gekreuzigt ist.« An die Galater schreibt er: »Ich bin mit Christus gekreuzigt.« Und so schreibt er hier an die Kolosser: »Ihr seid gestorben.«

Es kommt darauf an, diese Wahrheit klar zu erkennen. Denn durch sie wird das ganze Leben beeinflusst und erneuert.

Wie war das bisher in deinem Leben? Du wurdest beherrscht von deinem eigenen Ich. Wenn dir jemand zu nahe trat, dann sagte dein Ich zu dir: Lass dir das nicht gefallen! Das geht doch zu weit! Was fällt dem bloß ein? Der weiß wohl gar nicht, wen er vor sich hat? So hat dein Ich dich aufgehetzt und dich dazu gebracht, dich zu ärgern und aufzuregen, dich zu beschweren und zu beklagen.

Es gehört gar nicht viel dazu, dass das Ich dich so aufstachelt. Wenn dich jemand nicht gegrüßt hat auf der Straße oder nicht freundlich genug gegrüßt hat, dann ist das Ich schon beleidigt oder verletzt. Was für Kleinigkeiten sind es oft, die das Leben verbittern und für ganze Tage die Stimmung verderben! Wer kennt das nicht? Da kommt zum Beispiel der Mann nach Hause, der im Beruf Ärger gehabt hat. Er ist noch ganz in Gedanken daran, darum ist sein Gruß zerstreut, nicht so freundlich, wie sonst. Die Frau hat den ganzen Tag zu Hause gearbeitet und denkt, sie könnte doch wohl mit einem freundlicheren Gruß rechnen. »Was hat er denn nur?«, denkt sie. »Ich habe ihm doch nichts getan!« Und anstatt ihm mit doppelter Freundlichkeit die Falten von der Stirn zu streichen und seinen Ärger zu vertreiben, ist sie beleidigt und verärgert. »Was?«, denkt er, »tagsüber muss man sich ärgern – und zu Hause auch ein schiefes Gesicht? Da hört doch wohl alles auf!« Und der Familienkrach ist fertig. Es gibt harte, böse Worte von beiden Seiten. Tagelang lebt man nebeneinander her, schweigend, verstimmt. Die Frau denkt: »Ich habe ihm doch nichts getan! Er ist so unausstehlich gewesen!« Und der Mann denkt, die Frau sei schuld. Keiner kann sich entschließen, den ersten Schritt zu tun. Ist das nicht traurig? Kommt so etwas nicht in einigen Familien, in mancher Ehe vor? Ist es dir in deinem Leben nicht oft so gegangen, dass du dich wegen Kleinigkeiten aufgeregt hast und verbittert wurdest? Hat dein Ich dich nicht manchmal tyrannisiert und dir das Leben verdorben?

Es gibt eine gute Botschaft! Du kannst frei werden von dieser Tyrannei durch dein eigenes Ich, von deiner Gebundenheit an den alten Menschen.

Es ist kein Gefühlsüberschwang, keine Übertreibung, sondern eine biblische Wahrheit, dass es eine Befreiung und Erlösung vom alten Menschen gibt.

Wie soll ich das denn anfangen? fragst du. Was habe ich denn zu tun, um das zu erleben?

Das ist sehr einfach. Du brauchst gar nichts zu tun, du brauchst nur zu glauben, was ein anderer getan hat, Jesus. Jesus hat alle deine Sünden an seinem Leib hinaufgetragen an das Kreuz. Als Er dort starb, wurde dein alter Mensch mit gekreuzigt und ist mit gestorben. Jetzt ist es wahr, was Paulus an die Kolosser schreibt. Auch für dich gilt: »Du bist gestorben.«

Ich gestorben? sagst du? Du schüttelst den Kopf. Nein, ich bin doch nicht gestorben! Ich lebe noch!

Und *doch* bist du gestorben! Auch wenn du es nicht glaubst. Der Fehler liegt hier: du musst es glauben! Es steht ja in der Heiligen Schrift!

Überlege einmal: wie viele Menschen sterben – mit ihren Sünden und Erniedrigungen. Sie leben in der Sünde, sie sterben in der Sünde. Und trotz allem ist Jesus für sie gestorben! Trotzdem ist sein Blut für sie geflossen! Aber sie haben nichts davon, weil – sie es nicht glauben. Um gerettet zu werden durch das Blut Jesu, muss man es glauben: Er starb für mich.

An einer Tatsache wird dadurch nichts geändert, ob man sie glaubt oder nicht glaubt. Eine Tatsache bleibt eine Tatsache. Jesus ist gestorben. Das steht fest. Die Erlösung ist geschehen. Das ist eine Wahrheit. Wenn auch Tausende und Abertausende am Kreuz vorüber gehen und in Ewigkeit verloren sind. Die Erlösung ist vollbracht. Sie gehen verloren, weil sie die nicht annehmen, nicht daran *glauben*.

So sind wir mit Christus gestorben: Paulus schreibt in 2. Korinther 5,14: »Wir sind überzeugt, dass, wenn Einer für alle gestorben ist, so sind sie alle gestorben.« Und weiter schreibt er dann: »Und er ist darum für alle gestorben, damit, die da leben, hinfort nicht sich selbst leben, sondern dem, der für sie gestorben und auferstanden ist.«

Als Jesus am Kreuz starb, da bist du, dann bin ich mit gestorben. Sein Tod ist dein Tod und mein Tod! Das ist eine Tatsache, welche die Heilige Schrift uns verbürgt. Aber diese Tatsache musst du *glauben*.

Es gibt nur einen Weg, um in den Besitz göttlicher Segnungen zu kommen, das ist der Weg des Glaubens. Du kannst diese Wahrheit nicht eher *erfahren*, als bis du sie *geglaubt* hast.

Die Schrift sagt: »Weil einer für alle gestorben ist, so sind sie alle gestorben.« Du bist doch mit eingeschlossen in diesem umfassenden Wort »alle«. Du bist dann doch auch »gestorben«. Willst du das nicht glauben?

Wenn du dir diesen kostbaren Schatz im Glauben aneignest – wie frei und glücklich wirst du werden! Du wirst aufhören, ein Sklave deiner Gebundenheit zu sein. Du wirst die herrliche Freiheit der Kinder Gottes haben.

Aber du musst *glauben*! Und du weißt ja, dass Glauben etwas Anderes ist, als ein bloßes Für-wahr-Halten. Du musst diese Wahrheit nicht nur mit dem Kopf für wahr halten, sondern du musst sie in dein Herz aufnehmen, du musst sie dir im Glauben aneignen.

Willst du das nicht tun?

»Ihr seid gestorben« schreibt Paulus an die Gläubigen in Kolossä. »Ihr seid gestorben«, so schreibt er auch an die Gläubigen heute. Es gilt auch dir als Kind Gottes, du bist *gestorben.* Das ist eine Tatsache, die auf Golgatha geschehen ist. Du hast aber erst Nutzen und Gewinn davon, wenn du sie glaubst.

Ich bitte dich, geh mit dieser Wahrheit in dein Zimmer und mach die Tür hinter dir zu. Und dann gehe vor deinem Gott auf die Knie und sage ihm: »Herr, Dein Wort sagt mir, ich sei gestorben; aber in meinem Leben ist davon nichts sichtbar. Ich bin ein Sklave meines alten Menschen. Mein Ich beherrscht und tyrannisiert mich. Ich habe diese Sklaverei satt. Herr, in der Bibel steht: ›Wenn einer für alle gestorben ist, so sind sie alle gestorben.‹ Ich stütze mich auf Dein Wort. Ich preise Dich dafür, dass Du gestorben bist, um auch mich von meinem Ich zu befreien. Ich danke Dir dafür und nehme Dein Opfer, Dein Blut für mich glaubend in Besitz.«

Wenn du das getan hast, wenn du so oder ähnlich mit deinem Gott geredet hast, dann bist du gestorben. Denn du hast Seinen Tod im Glauben als Deinen Tod angenommen.

Aber hör mir noch etwas länger zu. Ich habe dir noch etwas zu sagen. Und das ist sehr wichtig. Du könntest sonst auf falsche Wege geraten.

Du bist gestorben *durch den Glauben* an das, was auf Golgatha geschehen ist. Du *bleibst* gestorben auch nur *durch den Glauben*. Du brauchst nicht denken: ich bin gestorben, jetzt bin ich allen Versuchungen entronnen. Jetzt kann ich nie mehr von einer Sünde überwältigt werden! Ich bin ja gestorben.

Wenn du so sprechen würdest, würdest du dich sehr täuschen. Und leider sprechen viele so, weil sie die Wahrheit nicht klar erkannt haben. Und dadurch wird diese kostbare biblische Lehre so in Misskredit gebracht.

Wenn du durch den Glauben gestorben bist, indem du einen Glaubensschritt getan hast, dann bist du nicht fertig. Sondern auf diesen ersten Schritt müssen noch viele weitere Schritte folgen. Ein Glaubens*weg* liegt vor dir, wenn du den ersten Glaubens*schritt* getan hast. Auf diesem Weg musst du von da ab im Glauben damit rechnen: »Ich bin gestorben.«

Was heißt das? Wie macht man das?

Ich nehme einmal an, dass du sehr jähzornig von Natur bist. Alle Versuche, Herr über dein aufbrausendes Temperament zu werden, sind erfolglos gescheitert. Du bist ein Sklave deines zornigen alten Menschen geblieben. Aber jetzt hast du den ersten Glaubensschritt getan und geglaubt: Ich bin gestorben.

Mein alter Mensch hat kein Recht mehr an mir. Ich bin kein Sklave meines Jähzorns mehr. – Gut. Wie wird es jetzt weitergehen? Wird es jetzt keine Versuchungen mehr geben? Doch, es wird Versuchungen geben. Vielleicht werden sie stärker und heftiger kommen als vorher. Der Feind bietet alles auf, um Menschen nicht in den Besitz der vollen Erlösung kommen oder sie darin bleiben zu lassen. Er wird alles versuchen, um dich wieder zornig zu machen. Aber wenn Versuchungen kommen, was darfst du dann tun? Dann darfst du im Glauben deinen Blick nach Golgatha richten und sagen: »Herr, ich danke Dir, dass Du mich am Kreuz von meinem alten Menschen erlöst hast und ich jetzt nicht mehr zornig zu werden und zu sündigen brauche!«

»Nur ein Blick nach Golgatha –
und's ist Kraft und Leben da!«

heißt es in einem Lied. Wenn du in der Versuchung damit rechnest: »Ich bin gestorben«, dann hast du Macht über die Sünde. Aber wenn du diesen Glaubensblick in der Versuchung unterlässt, dann wird der Feind wieder den Sieg gewinnen!

Dein Leben muss ein Leben des *Glaubens* werden, in dem du Schritt für Schritt rechnest mit dieser Wahrheit: Ich bin gestorben. Ich bin nicht mehr für die Sünde da, um ihren Willen zu tun, sondern ich bin für meinen Gott da, um für Ihn zu leben, um Ihn zu verherrlichen.

Du brauchst auch nicht denken, wenn der Feind dich eine Weile in Ruhe gelassen hat, er würde dich jetzt für immer verschonen. Nein, er kommt wieder. Er kommt unerwartet wieder. Er kommt mit großer

List oder mit großer Macht wieder. Dann musst du deinen Weg gehen mit dem Blick auf das Kreuz, indem du glaubend damit rechnest: »Ich bin gestorben.«

Aber, wenn wir gestorben sind, wie ist dann der fünfte Vers zu verstehen, in dem es heißt: »So tötet nun eure Glieder«? Wenn ich gestorben bin, bin ich doch tot! Da kann ich doch nicht mehr töten! Und da brauche ich doch nicht mehr zu töten!

Wie ist es damit? Diese Angelegenheit müssen wir noch etwas näher betrachten.

Ich nehme einmal an, du hättest ein sehr reizbares Temperament. Eine Kleinigkeit genügt, um dich aufzuregen. Jetzt hast du geglaubt, dass du gestorben bist. Jetzt wird es wieder Dinge geben, die dich aufregen. Deine Umgebung ist ja noch dieselbe geblieben. Deine Frau ist keine andere geworden. Deine Vorgesetzten, deine Untergebenen, sind noch genauso wie früher. Aber wenn jetzt Versuchungen kommen, dann rechnest du mit dem Tod Jesu, der auch dein Tod ist, und – du bleibst ruhig, du ärgerst dich nicht, so dass sich die Leute wundern und merken: hier ist eine große Veränderung. Du bist gar nicht mehr »der Alte«.

Was ist da passiert? Auf dem Gebiet, wo sich früher der alte Mensch betätigt hat, der dich zur Aufregung und zum Ärger hingerissen hat, da zeigt jetzt der neue Mensch, Jesus, Seine Macht. Während sich früher deine Gebundenheit an den alten Mensch gezeigt hat, offenbart sich nun deine Glaubensverbindung mit dem neuen Menschen.

Jetzt können wir Kolosser 3,5 verstehen, denke ich. Wenn du dir den Tod deines alten Menschen im Glauben zu eigen gemacht hast, dann musst du diesen Tod auf allen den Gebieten zur Darstellung und Verwirklichung bringen, wo er sich früher betätigt hat.

Früher hat er sich zum Beispiel betätigt in einer Sucht oder sexueller Unmoral, oder in Geiz und Wut, oder was es sonst war, – jetzt beweist dein Leben auf allen diesen Gebieten: Ich bin gestorben. Christus lebt in mir. Der neue Mensch hat die Herrschaft angetreten.

So wird unser Leben eine Verherrlichung des Herrn. So wird es ein Beweis Seiner Macht und Seiner Gnade, ein Denkmal Seines Todes am Kreuz. So verkündigen wir – indem wir es praktisch ausleben und bestätigen – Seinen Tod, bis Er wiederkommt.

Und dazu sind wir berufen!

Möge der Herr Gnade geben, dass alle, die das lesen, es im Glauben in Besitz nehmen und es in einem Leben des Glaubens beweisen: *Ich bin gestorben.*

Lebendige Steine

Und auch ihr, als lebendige Steine, erbaut euch zum geistlichen Hause …

1. Petrus 2,5

Es ist ein merkwürdiges Bild, das der Apostel Petrus gebraucht, wenn er die Kinder Gottes lebendige Steine nennt. Aber dieses Bild trifft zu, wie wir sehen werden.

Wenn die Kinder Gottes lebendige Steine genannt werden, dann gibt es sicherlich im Gegensatz dazu auch tote Steine. Menschen, die Gott nicht kennen, sind tote Steine.

Tote Steine werden fabrikmäßig hergestellt. Man drückt einen Klumpen Lehm in eine Form. Dann kommt es in den Ofen, wo der Lehm gebrannt wird – und der Stein ist fertig. Dutzendweise, hundertweise, tausendweise werden die Steine fertig.

Wie bei der Herstellung von Ziegeln ist es auch in der Welt, in der Christenheit. Durch Familie und Schule werden die Menschen in eine gewisse Form gebracht, in eine christliche Form. Dann kommt die Kirche und gibt noch einen Abschluss-Unterricht – und mit der Konfirmation sind die Steine fertig, würdige Glieder der christlichen Gemeinde.

Ich sage das ohne jeden Spott. Ich sage das, um zu zeigen, wie es wirklich ist, und dass *menschliche* Arbeit nur tote Steine hervorbringen kann. Lebendige Steine setzen ein Werk *Gottes* voraus. *Lebendige* Steine kann nur *Gott* machen.

Im Gegensatz zu den Backsteinen gibt es auch Bruchsteine. Von den Bruchsteinen hat jeder seine besondere Geschichte. Es gibt da keine fabrikmäßige Herstellung, sondern jeder wird besonders genommen und besonders behandelt.

Diesen Bruchsteinen gleichen die Christen. So wie jeder Bruchstein eine besondere Geschichte hat, so hat auch jeder Christ eine besondere Geschichte.

Wo kommt der Bruchstein her? Aus dem Steinbruch. Im Felsen dort, das ist seine Heimat. Da ist er gewachsen. In der Steinwüste ist er zu Hause.

Plötzlich wird es lebendig in der Einsamkeit. Männer kommen mir scharfen Hacken. Sie beginnen, die Steine loszubrechen. Einer nach dem anderen wird herausgerissen. Aber es geht den Männern zu langsam. Sie bohren ein Loch in den Felsen, ein tiefes Loch. Da hinein kommt ein schwarzes Pulver. Mit einer Lunte wird das Pulver entzündet. Mit gewaltigem Krachen explodiert das Pulver und zerreißt den Felsen. Polternd stürzen die herausgesprengten Stücke ins Tal.

Damit fängt die Geschichte des Bruchsteins an; er muss losgebrochen, losgesprengt werden aus der Felswand, aus dem Steinbruch.

So beginnt auch die Geschichte der lebendigen Steine, der Kinder Gottes. Ihre Heimat ist die Welt. In der gottlosen, Gott fernen Welt sind sie gewachsen. Da sind sie zu Hause. Aber sie sollen nicht in ihrer Verbindung zur Welt bleiben.

Da kommt die scharfe Hacke des Wortes Gottes, um ihre Seelen von der Verbindung mit der Welt zu lösen. Da kommt die Sprengkraft des Heiligen Geistes – das griechische Wort für »Kraft« heißt »dynamis«, daher kommt unser Wort »Dynamit« –, um die Steine herauszubrechen aus dem Steinbruch der Welt. Wort und Geist wirken zusammen, um menschliche Seelen aus der Welt heraus zu retten.

Dieses Herausgebrochenwerden aus dem Steinbruch der Welt, das ist die Bekehrung. Die alte Verbindung mit der Welt wird abgebrochen.

Damit ist die Geschichte keineswegs zu Ende. Sondern damit fängt es erst an. Darum ist es so falsch zu denken, die Bekehrung sei das Ende, das Ziel, das Gott sich mit uns gesteckt habe. Nein, die Bekehrung ist nicht das Ende, sondern der Anfang der Wege Gottes mit uns. Darauf folgt eine lange, wunderbare Geschichte.

Bist du noch nicht aus dem Steinbruch der Welt heraus? Dann wünsche ich dir, dass bald der Augenblick kommt, wo du herausgebrochen wirst durch eine gründliche Bekehrung. Damit Gott auch bei dir Seine Sache beginnen könnte, um aus dir das zu machen, was Er sich vorgenommen hat und was Er haben will.

Da liegt nun der Stein, aus dem Steinbruch losgebrochen. Kann man ihn so gebrauchen, wie er jetzt ist? Nein, es ist ja ein ganz grober Block mit einer Menge Ecken und Kanten. Die müssen alle herunter. So kann man ihn nicht verwenden.

Vor Jahren habe ich in der Nähe eines Bildhauers gewohnt. Ohne es zu wissen, hat er mir manche Predigt gehalten und mir manche Lektion erteilt, für die ich ihm zeitlebens dankbar sein werde.

Eines Tages wurde bei ihm ein großer Marmorblock abgeladen. Ich kam gerade vorbei. »Was wollen Sie denn damit machen?«, fragte ich. In seiner originellen Weise antwortete er: »Da sitzt eine Germania drin, bloß der Dreck muss weg!«

Sein Künsteraugé sah in dem rohen Block schon die Germania. Seine ganze Arbeit bestand nur darin, das überflüssige Gestein, den »Dreck«, wegzuschlagen.

Auf dem Heimweg machte ich mir so meine Gedanken. So wie in dem Marmorblock eine Germania sitzt, so steckt auch in uns verborgen ein Bild, das Bild Jesu, das Bild des Lammes. Aber da ist auch noch manches, was nicht zu diesem Bild gehört. Da ist noch viel überflüssiges Gestein. Und dieser »Dreck« muss weg!

Das ist die Arbeit, die Gott tut. Er bearbeitet uns, um dieses Bild des Lammes immer mehr sichtbar werden zu lassen.

Mein Freund Bildhauer machte sich alsbald an die Arbeit. Er schlug auf den Marmorblock, dass die Stücke sprangen. Neben sich hatte er ein Germania-Bild. Das war seine Vorlage. Das Bild wollte er aus dem Stein herausmeißeln. Schon nach einigen Tagen merkte man, dass in der Tat eine menschliche Gestalt in dem Stein steckte. Dann sah man, dass es eine weibliche Figur war. Dann trat die Germania immer deutlicher aus dem Gestein hervor. Immer mehr bedeckte sich der Hof, wo er arbeitete, mit Marmorstücken, die er heruntergeschlagen hatte. Wenn der Marmor Gefühl gehabt hätte, wenn er hätte schreien können, wie würde er geschrien haben bei diesen unerbittlichen Schlägen. Aber der Stein blieb ganz still. Es war nur ein Stein.

Aber lebendige Steine, die können schreien. Und wie oft tun sie es! Wenn etwas aus uns werden soll, dann muss Gott den Meißel ansetzen, dann muss alles herunter, was nicht zu dem Bild des Lammes passt. Und: das tut weh. Ein solches Behauen-Werden will man sich nicht gefallen lassen. Man wehrt sich dagegen auf viele Weise. Lieber behält man seine Ecken und Kanten. Lieber verzichtet man auf das Bild des Lammes.

Wie traurig ist das! Und wie töricht ist das! Wenn du bisher auch deinen Gott gehindert hast – und wer hätte das nicht getan? – ich bitte dich, tue es nicht mehr! Du schadest dir nur selbst! Du stehst dir nur selbst im Wege! Lass dich doch behauen! Lass dich doch bearbeiten, damit das Bild Jesu herauskommt und sichtbar wird!

Gott hat sehr verschiedene Meißel, um die lebendigen Steine zu behauen. Zuerst nimmt er den Meißel seines Wortes. Er sagt uns in seinem Wort, wie ein Christ handelt und lebt. Er zeigt uns in seinem Wort, was sich für ein Kind Gottes gehört und was nicht zu ihm passt. Und das will er dann beseitigen, was nicht zu ihm passt. Aber – da gibt es schon Widerstand. Man will seine Liebhabereien nicht aufgeben. Man sieht zwar ein, dass dieses oder jenes nicht richtig ist nach dem Wort und dem Willen Gottes; aber – man hat diese Sache zu lieb, um sie aufzugeben. Man behält lieber seine Gebundenheiten und Sünden bei.

Machst du es auch so? Leistest du auch dem Wort Gottes Widerstand? Dann nötigst du ihn, andere Meißel zur Hand zu nehmen. Denn »der Dreck muss weg«. Du kannst dir viel Schweres ersparen, wenn du dem Wort Gottes einfach gehorsam wirst!

Sonst nimmt Gott den Meißel der Schwierigkeiten und Leiden. Der tut weh! Aber – du hast es ja nicht anders gewollt! Gott ist ein zielbewusster Bildhauer. Er will das Bild des Lammes herausmeißeln um jeden Preis.

Gott hat noch andere Meißel. Oft benutzt er einen Menschen, um uns dadurch zu behauen. Das ist oft schwer, sehr schwer. Aber das ist oft sehr gesegnet.

Solange die Schwierigkeiten und Leiden direkt aus Gottes Hand kommen, solange ist es noch leichter für uns. Aber wenn wir durch menschliche Vermittlung behauen und bearbeitet werden, das tut weh! Manche können darüber überhaupt nicht hinwegkommen. Wie viele leiden darunter, dass sie von anderen ungerecht behandelt, zurückgesetzt, verspottet, missverstanden werden! Wie viele Leben werden dadurch verbittert und verdorben! Vielleicht deins auch?

Irgendwo kam einmal eine Lehrerin zu mir, die klagte, wie man so sagt, Stein und Bein über ihren Rektor. Sie fand gar kein Ende, zu erzählen, wie ungerecht er sie behandle, wie sie immer verkannt und zurückgesetzt würde usw. Es dauerte lange, bis sie mit ihrer Erzählung fertig war. Ich ließ sie sich ordentlich ausklagen. Als sie dann endlich fertig war, dachte sie, jetzt würde ich sie aber richtig bedauern. Das tat ich aber nicht. Sondern ich fragte sie: »Haben Sie Gott auch schon für diesen Rektor gedankt?« Sie dachte erst, sie hätte sich verhört. »Gedankt?« – »Jawohl, gedankt!«, entgegnete ich. »Ja, dafür kann man doch nicht danken!« – »Warum denn nicht? Wissen Sie nicht, dass in der Bibel steht: ›Saget Gott Dank allezeit und *für alles*!‹«

Dieser Gedanke war ihr noch nie gekommen, dass man für so etwas danken solle und danken könne. Deshalb habe ich weiter mit ihr gesprochen und gesagt: »Sehen Sie, diesen Mann gebraucht Gott, um Sie zu erziehen. Durch die ungerechte Behandlung dieses Mannes will Sie der Herr lehren, Unrecht zu dulden, sanftmütig zu sein, Ihre Feinde zu lieben, ruhig zu bleiben usw. Das alles sind Eigenschaften des Lammes. Wenn Sie das bedenken, dann sehen Sie ein, dass Ihnen alle diese Züge des Lammesbildes bisher gefehlt haben. Sehen Sie, darum brauchen Sie gerade diesen Rektor zu Ihrer Erziehung! Ihre Empfindlichkeit, Ihr Übelnehmen, Ihre Ungeduld, Ihre Unfreundlichkeit – das alles will der Herr bei Ihnen wegmeißeln! Das passt nicht zum Bild des Lammes. Und darum sollten Sie dem Herrn dankbar sein, dass Er Ihnen gerade diesen Rektor gegeben hat, durch den Er Sie in das Bild des Lammes verwandeln und gestalten will. Dieser Mann ist ein Meißel in Gottes Hand.«

So haben wir noch eine Weile zusammen gesprochen, dann beteten wir für diese Sache.

Nach einiger Zeit erhielt ich von dieser Lehrerin einen Brief, in dem schrieb sie: »Ich habe einen ganz neuen Rektor bekommen.« Wie ging das zu? Es war noch derselbe Rektor. Er war jedenfalls auch nicht liebenswürdiger geworden in den wenigen Wochen seitdem. Aber – sie hatte gelernt, ihn mit anderen Augen anzusehen. Sie sah jetzt in ihm den Meißel, mit dem Gott sie bearbeiten und zubereiten wollte in das Bild des Lammes. Jetzt ärgerte sie sich nicht mehr über ihn; jetzt dankte sie Gott dafür.

Nicht wahr, es gab und es gibt auch in deinem Leben Menschen, die dir Schwierigkeiten machen? Du kennst auch solche Leute, über die du schon oft gestöhnt und dich beklagt hast? Schau sie dir einmal richtig an! Sieh einmal genau hin! Dann siehst du hinter ihnen den Herrn, den treuen Herrn, der diese Menschen benutzt, um dich zuzubereiten, um dich von all dem Eigenen zu befreien, damit das Bild des Lammes sichtbar wird! Dieser unangenehme Mensch, dieser schwierige Nachbar, diese unsympathische Person, das alles sind Meißel Gottes!

Stell dir vor, du würdest mit lauter Menschen zusammen leben, die voll Liebe und Freundlichkeit mit dir umgehen würden. Würde da das Bild des Lammes sichtbar werden? Hättest du dann Gelegenheit, Geduld, Freundlichkeit und Sanftmut zu üben? Offenbar nicht. Nun, dann sei doch dem Herrn für Seine Meißel dankbar!

Aber manchmal ist es aber doch wirklich zu viel, meinst du. So? Wirklich? Dann möchte ich dir noch eine Geschichte erzählen von meinem Freund Bildhauer, eine Geschichte, für die ich ganz besonders dankbar bin.

Als ich ihm eines Tages bei der Arbeit wieder ein bisschen zusah, fragte ich ihn: »Was machen Sie, wenn Sie etwas zu stark draufgeschlagen haben, so dass ein großes Stück abgesprungen ist?« Ich wollte wissen, ob es irgendeinen Kitt gebe, wodurch er den Schaden wieder heilen könne. Er antwortete mir kurz und bestimmt: »Kommt nicht vor!« Ich gab mich damit nicht zufrieden. »Aber gesetzt der Fall, es wäre doch vorgekommen, Sie hätten ein zu großes Stück abgeschlagen, was machen Sie dann?« »Ich sag's ja: kommt nicht vor!« Ich war noch nicht überzeugt, und ich fragte ihn zum dritten Mal. Da sagte er: »Wie oft soll ich's Ihnen denn sagen? *Kommt nicht vor!*«

Nun, ob es bei meinem Freund Bildhauer wirklich nicht vorgekommen ist, das weiß ich nicht. Ich hatte ihn nachher im Verdacht, dass er ein Eichenblatt im Kranz der Germania, das sich auf dem Vorbild befand, weggeschlagen habe. Aber das weiß ich, bei unserm himmlischen Bildhauer kommt es nicht vor. Er macht keine Fehler. Er gibt jedem Schlag so viel oder so wenig Kraft und Nachdruck, wie es gerade nötig ist. Er schlägt nichts weg, was zum Bild des Lammes gehört, das ist sicher.

Man kommt zur Ruhe, wenn man diese Lektion lernt: »Kommt nicht vor!« Man lernt dabei, dem Herrn zu vertrauen. Dann denkt man nicht mehr, er würde es aber doch zu schwer machen, er würde doch zu stark schlagen, nein, das kommt nicht vor!

Lieber Leser, überlass dich getrost und vertrauensvoll den Händen des himmlischen Bildhauers. Vertrau ihm dein Leben ruhig an! Was auch geschieht, das geschieht, weil er dich bearbeiten und gestalten möchte in das Bild des Lammes, weil er deine Ecken und Kanten heruntermeißeln möchte.

Willst du Ihn nicht jetzt bitten, Er solle an dir tun nach Seinem Willen und Wohlgefallen? Willst du Ihm nicht sagen: »Ich brauch's, Herr! Schlag nur zu!«?

Sicherlich, wenn du so mit ihm sprichst, – Er nimmt dich beim Wort. Er setzt den Meißel an. Das tut Er. Willst du dir das dann gefallen lassen?

Vor einigen Jahren hatte ich mit einem Bruder Gebetsgemeinschaft, jeden Tag. An einem Tag betete er etwa so: »Herr, bitte, nimm doch mein eigenes Ich weg! Ich will es nicht mehr haben! Ich habe schon so stark unter seiner Tyrannei gelitten!« Ich habe mich über diesen Bruder gefreut – ich will ihn Lange nennen – wie er mit einer solchen Entschiedenheit betete, von seinem Ich befreit zu werden.

Etwa eine halbe Stunde war vergangen. Da wurde Bruder Lange gerufen. Eine Frau rief nach ihm: »Lange!« Keine Antwort. »Lange!« Keine Antwort. »Lange!« Da machte er seine Tür auf und rief: »Was schreien Sie denn so über den Flur? Ich schreie doch auch nicht nach Ihnen! Kommen Sie doch gefälligst her, wenn Sie was wollen. Und übrigens, ich heiße für Sie nicht Lange, sondern Herr Lange!«

O weh, dachte ich, als ich das hörte. Da hat nun Bruder Lange eben gebetet: Herr, nimm mir mein eigenes Ich weg – und nun erhört Gott sein Gebet und versetzt ihm den ersten Meißelschlag auf seinen Hochmut – da rebelliert er schon dagegen.

Hast du es nicht sehr oft auch so gemacht? Ich fürchte, ja. Dann mach es nicht mehr so! *Sag* nicht nur, du willst es dir gefallen lassen, sondern lass es dir *wirklich* gefallen, wenn dein Gott anfängt, dich zu behauen und den »Dreck« wegzumeißeln.

Darin haben die Steine unter dem Meißel des Steinmetzen uns, den lebendigen Steinen, etwas voraus: sie wehren sich nicht; sie hindern den Bildhauer nicht. Aber wir können das, und wie oft tun wir das!

Möge der Herr diese Zeilen dazu segnen, dass die Kinder Gottes, die sie lesen, ihren Gott nicht mehr hindern, sondern sich willig Seiner Hand überlassen und mit Seinem Meißel einverstanden werden.

Wozu aber diese ganze Arbeit? Warum bearbeitet der Steinmetz die Steine, die einen so, die andern so? Weil diese Steine hineingefügt werden sollen in ihren Platz im Bau. Nicht alle Steine werden gleich bearbeitet. Der eine muss nur vierkantig sein. Er soll in der Mauer verwendet werden. Der andere Stein aber soll in dem gotischen Spitzbogenfenster die Spitze bilden. Der muss ganz anders behauen werden, als der Stein, der seinen Platz in der Wand findet.

Es gibt nun gedankenlose Steine, die beklagen sich, dass sie einen bescheidenen Platz haben. Sie beneiden andere, die mehr in der Öffentlichkeit stehen und wirken. Das ist sehr unbedacht. Denn die Steine, die das Auge der Öffentlichkeit auf sich ziehen, müssen sich eine ganz andere Behandlung gefallen lassen, die bekommen viel mehr Schläge als die, die an einem unauffälligen Platz verwendet werden.

Was für Schläge hat der Apostel Paulus bekommen! Ein Engel des Satans hat ihn mit Fäusten geschlagen, damit er wegen seiner hohen Offenbarungen nicht überheblich würde!

Deshalb wollen wir dankbar und zufrieden sein, wenn unser Platz kein so hervorragender ist, wie ihn dieser oder jener hat. Wir wollen ja keinen Stein um seinen Platz beneiden. Das wäre eine große Unklugheit.

Jeder Stein hat seinen besonderen Platz, für den er bestimmt ist, und für den er behauen und bemeißelt wird. Alle Steine zusammen sollen einen geistlichen Tempel bilden, ein Haus Gottes.

»Und auch ihr, als lebendige Steine,« schreibt der Apostel, »erbaut euch zum geistlichen Hause.« Was heißt das: »erbaut euch«? Viele haben darüber vollständig falsche Vorstellungen. Sie denken, sich erbauen, das hieße so viel wie: fromme, andächtige Gefühle und Stimmungen haben. Sie gehen in die Kirche oder in die Gemeinde, um »sich zu erbauen«. Darunter verstehen sie, ob bewusst oder unbewusst, dass sie in eine gerührte Stimmung oder in ein frommes Gefühl gebraucht werden wollen. Nein – das wahre Erbautwerden hat mit frommen Gefühlen oder Stimmungen nichts zu tun.

Wie ist es denn, wenn ein Haus gebaut wird? Ein Stein wird auf den anderen gelegt. Was bekommt der Stein, der unten liegt? Er bekommt etwas zu tragen. Und was macht der Stein, der darauf gelegt wird? Er gibt dem, der unten liegt, etwas zu tragen. Er selber muss dann wieder andere tragen, die auf ihn gelegt werden. Erbaut werden heißt also nichts anderes als: tragen lernen, einander tragen.

Christen, die lebendigen Steine, sollen lernen, einander zu tragen. Wie viel fehlt da oft in den Gemeinschaften und Vereinen! Wie wenig Tragkraft ist da oft vorhanden! Der andere hat in dieser oder jener Frage etwas andere Ansichten. Man müsste ihn tragen. Aber nein, es ist viel bequemer, ihn zu beseitigen, ihn auszugrenzen.

Ihr Kinder Gottes, könnt ihr einander tragen? Wie hat Jesus seine Jünger getragen! Wie viel gibst du anderen zu tragen! Und du selbst willst nicht tragen? Lerne das Tragen! Im geistlichen Haus muss jeder Stein das Tragen lernen. Wer nicht tragen will und kann, der – passt nicht in den Bau hinein. Zinzendorf hat gesungen:

»Legt es unter euch, ihr Glieder,
auf so treues Lieben an,
dass ein jeder für die Brüder
auch das Leben lassen kann!«

Und da sollten wir nicht gegensätzliche Ansichten, andere Auffassungen, andere Auslegungen und Erklärungen tragen können?

Wie viel Arbeit und Mühe machen die lebendigen Steine doch ihrem Bildhauer und ihrem Baumeister! Wie langsam geht der Bau des geistlichen Hauses vorwärts! Warum? Weil die lebendigen Steine so oft ihren Gott hindern! Weil sie sich nicht bearbeiten lassen wollen und nicht in den Platz hineinbauen, für den Gott sie haben will.

Kind Gottes, überdenke dir heute einmal: Hast du nicht auch deinen Gott auf unterschiedliche Weise gehindert? Dann beuge dich heute und tue Buße, und lass dies den Segen dieser Betrachtung sein, dass du dich deinem Gott hingibst, mit ganzem Willen und uneingeschränkt, damit Er mit dir machen kann, was Er will, damit Er dich gebrauchen kann, wo und wie und wann er will!

Denk daran: »Und auch ihr, als lebendige Steine, *erbaut euch*!«

Das auserwählte Geschlecht

Ihr aber seid das auserwählte Geschlecht.

1. Petrus 2,9

Früher war Israel das auserwählte Geschlecht. Aus allen Völkern hatte Gott dieses eine Volk auserwählt, um an ihm Seine Gnade und Herrlichkeit zu zeigen, um es in der Geschichte und Führung dieses Volkes deutlich werden zu lassen, dass Er ein lebendiger und persönlicher Gott sei.

Die ganze Geschichte Israels ist eine Kette der Offenbarungen der Gnade Gottes und der Beweise seiner Liebe. Wie hat sich Gott um dieses Volk bemüht! Wie hat dieses Volk im Krieg und im Frieden die Wunder Jahwes gesehen! Von den Tagen an, wo Gott Sein Volk aus Ägypten geführt hat, ist die Geschichte Israels eine lange Reihe von Wundern Gottes gewesen.

Aber wie schlecht hat Israel alle Liebe und Gnade des Herrn belohnt!

Immer wollte das Herz des Volkes den falschen Weg gehen. Immer hat Israel anderen Göttern gedient und den lebendigen Gott verlassen. Bis endlich der Stein von den Bauleuten verworfen wurde, der von Gott zum Eckstein bestimmt war, bis Israel seinen Messias ans Kreuz schlug (vgl. Ps 118,22). Der ihnen zum Heil und zur Rettung bestimmt war, der war ihnen ein Stein des Anstoßes und ein Fels des Ärgernisses (vgl. 1Petr 2,7.8).

Deshalb hat sich die Gnade Gottes den Heiden zugewendet. Aus den Völkern berief Er sich ein neues auserwähltes Volk, die Gemeinde. Jetzt heißt es nicht mehr zu Israel, jetzt heißt es zu der Gemeinde Jesu Christi: »Ihr aber seid das auserwählte Geschlecht.« »Ihr aber« – im Gegensatz zu dem auserwählten Volk des Alten Bundes. »Ihr aber« – im Gegensatz zu denen, die Jesus abgelehnt haben.

Was für eine Gnade! Wir, wir sind das auserwählte Geschlecht. Haben wir das verdient? Nein, das haben wir nicht verdient. Wer waren wir denn? Wir waren Feinde und Rebellen. Wir haben gegen den Willen Gottes gehandelt, wir haben uns um Sein heiliges Wort nicht gekümmert. Und *wir* dürfen zu dem auserwählten Geschlecht gehören!

Bei jedem Einzelnen ist das eine Geschichte von Wundern der Gnade Gottes. Wer zu diesem auserwählten Geschlecht gehört, der hat ein Wunder der Gnade erlebt. Der kann davon erzählen, wie Gott ihm nachgegangen ist auf seinen Irrwegen, wie Er sich um ihn bemüht hat mit großer Treue und Geduld.

Wenn wir zurück blicken in unser vergangenes Leben, dann sehen wir, wie sich wie ein roter Faden die Liebe und Gnade des Herrn hindurchzieht, der durch Seinen Heiligen Geist um uns geworben hat, bis wir uns Ihm endlich ausgeliefert haben.

Und nicht erst in unserem Leben ging die Gnade Gottes uns nach. Sie hat sich schon viel früher um uns bemüht. Wenn wir nach Golgatha schauen, wo Jesus leidet und blutet und stirbt, und der Heilige Geist verklärt uns das Kreuz des Herrn, dann wird es uns zur Gewissheit:

»dass Er dürstend rang um unsre Seele,
dass sie Ihm zu Seinem Lohn nicht fehle.«

Unter dem Kreuz auf Golgatha wird uns klar:

»dass Er längst nach Seinem Schaf getrachtet,
eh es auf des Hirten Ruf geachtet,
und mit teurem Lösegeld
es erkauft von dieser Welt.«

Auf Golgatha hat Seine ewige Liebe schon nach uns gesucht, um uns heraus zu lieben aus Tod und Verderben, denen wir durch die Sünde ausgeliefert waren.

Und die Gnade Gottes reicht noch weiter zurück. Was für ein Geheimnis! Ehe der Welt Grund gelegt war, hat Er uns erwählt, dass wir heilig und untadelig vor Ihm sein sollten in der Liebe (Eph 1,4).

»Ihr aber seid das auserwählte Geschlecht.« Wie macht dieses Wort uns die erstaunliche, unbegreifliche Gnade Gottes deutlich! Es beugt uns in den Staub angesichts dieser unfassbaren Gnade und Barmherzigkeit, aus verlorenen Menschen, aus Menschen, die für Gott nur Spott oder Verachtung übrig hatten, aus Gefangenen der Sünde – Denkmäler der Gnade Gottes zu machen, ein auserwähltes Geschlecht!

Mit unseren eigenen Bemühungen wären wir das nie geworden. Mit allen unseren Anstrengungen hätten wir das nie erreicht. Aber die Gnade Gottes hat das zu Stande gebracht.

Aus welchen Menschen besteht dieses auserwählte Geschlecht? Der Apostel Paulus gibt uns am Schluss von 1. Korinther 1 eine außergewöhnliche Liste, in der er aufzählt, wer alles zu diesem auserwählten Geschlecht gehört. »Was *töricht* ist vor der Welt, das hat Gott erwählt, damit er die Weisen zu Schanden mache; und was *schwach* ist vor der Welt, das hat Gott erwählt, damit Er zu Schanden mache, was stark ist; und *das Geringe* vor der Welt und *das Verachtete* hat Gott erwählt, *das, was nichts ist*, damit er zunichte mache, was etwas ist, damit sich kein Mensch vor Gott rühme.«

Da ist jede eigene Ehre ausgeschlossen bei den Angehörigen dieses auserwählten Geschlechts. Niemand kann sagen: »Ich war aber auch so fromm« oder: »Ich war aber auch so gut« oder: »Ich hatte auch nur gute Absichten« – nein! Für eigene Ehre ist kein Platz in der Gemeinde Gottes. Niemand kann da von seinem Verdienst und von seiner Leistung reden, von seinem Anstand oder seiner Großartigkeit, von seinem guten Herzen und seinem guten Charakter, das gibt es nicht, sondern wer zu diesem auserwählten Geschlecht gehört, der preist die Gnade, die ihn errettet und erwählt hat, die ihn mit ewiger Liebe geliebt hat.

Gehörst du zu diesem auserwählten Geschlecht? Kannst du auch Gott loben und preisen: »Ich bin jemand, den die Gnade Gottes gefunden hat«? Kannst du auch bezeugen: »Durch Gottes Gnade bin ich, was ich bin«?

Dann sei dir dieser Gnade bewusst, die dich durch die Liebe aus einem Leben ohne Gott und der Sünde gerettet hat. Dann vergiss es nicht, was Er dir Gutes getan hat! Dann handle und lebe auch wie jemand, der zu diesem auserwählten Geschlecht gehört!

Das bist du deiner Umgebung schuldig! Um dich herum gibt es Menschen, die Gott nicht kennen und die dich beobachten, die deinen Lebensstil zu Hause und im Beruf sehen. Heute ist es nicht mehr üblich, die Bibel zu lesen. Man hört das Wort Gottes nicht mehr. Für viele ist das ein überholter Standpunkt. Und Gott hat in Seiner Gnade einen Christ in die Werkstatt gestellt, auf die Baustelle, in die Schule, in das Geschäft, in das Büro hinein. Du sollst als ein Denkmal der Gnade, als ein Zeuge des Herrn, als ein Angehöriger des auserwählten Geschlechts dastehen in deiner Umgebung, um den Menschen, die nichts von Gott wissen und nicht an ihn glauben zu zeigen, welche Auswirkungen Gottes Gnade hat.

Es hängt so viel davon ab, dass Christen sich ihrer Verantwortung gegenüber Menschen, die nicht an Gott glauben, bewusst sind! Mit tausend Augen beobachten sie das Leben der Christen! Ein Christ, der durch eine Sünde Anstoss gibt, kann unberechenbaren Schaden anrichten! Die ganze Gegend nimmt die Sünde eines Christen als willkommenen Vorwand, sich nicht zu bekehren. »Ich soll mich bekehren?«, fragt man dann. »Nein, mit solchen Menschen, die so etwas tun, wie *der* und wie *die*, will ich mich nicht einlassen!« Und dann werden die Sünden der Christen aufgezählt.

Denk daran, als Christ bist du es den Nichtchristen schuldig, dass du als ein »Auserkorener, Adliger« standesgemäß lebst. Vergiss nicht, du gehörst zum auserwählten Geschlecht. So wie Israel unter die Völker gestellt war, um ein Segen für alle Welt zu werden, so bist du in deine nichtchristliche Umgebung hineingestellt, um ihr Anschauungsunterricht zu geben, was es heißt, ein Kind Gottes, ein Kind des Friedens und der Gnade zu sein.

Vergiss das nicht, in deiner Wohnung und bei der Hausarbeit, im Büro und im Geschäft: »Ihr aber seid das auserwählte Geschlecht.«

Nicht nur der nicht gläubigen Welt sind wir es schuldig, dass wir als Angehörige des auserwählten Geschlechts standesgemäß leben, wir sind es auch dem Volk Gottes schuldig.

Wenn wir nicht so leben, wie es einem Leben als Christ entspricht, dann bereiten wir dem Volk Gottes

Unehre und Schande. Denn Nichtchristen verallgemeinern alles, was ein Christ sich zuschulden kommen lässt. Sie sagen nicht: »*Der* hat das getan«, sondern: »Das waren die Christen!«

Wir sind es unseren Brüdern und Schwestern schuldig, dass wir auf unseren Lebensstil achten und niemandem Grund zur Beschwerde geben. Und wir sind es unseren Geschwistern nicht nur schuldig, keinen Anstoß zu erregen, sondern wir sind es ihnen schuldig, ein Vorbild zu sein. Es gibt so viele schwache Christen, die ein Vorbild, einen Halt, eine Stütze brauchen. An Timotheus schreibt Paulus: »Niemand verachte dich wegen deiner Jugend, du aber sei ein Vorbild den Gläubigen!«

In unserer Zeit ist es nötig, dass wir uns vergegenwärtigen, was wir unseren Brüdern und Schwestern schuldig sind! Wie sehr haben wir die Mahnung Tersteegens vergessen:

»Sollt wo ein Schwacher fallen,
so greif der Stärkre zu;
man trag und helfe allen;
man pflanze Lieb und Ruh.
Kommt, bindet fester an;
ein jeder sei der Kleinste,
doch auch wohl gern der Reinste
auf unsrer Liebesbahn!«

Daran wollen wir denken: als Angehörige des auserwählten Geschlechts sind wir auch gegenüber unseren Brüdern und Schwestern zur Liebe verpflichtet!

Sind wir es nicht auch unserem Heiland schuldig, dass wir standesgemäß leben? Wird nicht dadurch die Sache des Herrn stark in Misskredit gebracht, dass es

Christen gibt, die nicht sorgfältig und gewissenhaft auf ihren Lebensstil achten? Wie wird dadurch die Sache Jesu aufgehalten und gehindert!

Hat das unser Herr verdient, der mit Seinem Blut für uns bezahlt hat?

Wir wollen an unseren hochgelobten Herrn und Meister denken und Ihn bitten, dass Er uns bewahre und uns so mit Kraft aus der Höhe fülle, dass unser Leben Ihn verherrlicht und preist!

Und damit ist unsere Verantwortung noch nicht zu Ende. Wir sind es den Engeln im Himmel schuldig, dass wir uns als das auserwählte Geschlecht beweisen. Es gibt ein merkwürdiges Wort im Epheserbrief, da heißt es (Eph 3,10): »Damit jetzt kund werde die mannigfaltige Weisheit Gottes den Mächten und Gewalten im Himmel durch die Gemeinde.« Was heißt das? Die Engel Gottes sollen an der Gemeinde, die auf Erden ist, die mannigfaltige Weisheit Gottes studieren. Wir sollen Anschauungsunterricht für die Engel sein!

Darf ich dir eine Frage stellen? War es dir bewusst, dass dein Leben und Handeln den Engeln im Himmel Anschauungsunterricht geben sollte? Dass sie an dir sehen sollten, was die Gnade Gottes aus einem schwachen Menschen machen kann? Denk daran, dass die Bibel sagt, dass den Engeln im Himmel an der Gemeinde die mannigfaltige Weisheit Gottes kund werden soll!

Ich gehe weiter und sage: Wir sind es auch dem Teufel schuldig, dass wir uns als das auserwählte Geschlecht beweisen.

Lies einmal das erste Kapitel im Buch Hiob. Da liest du, dass an einem Tag, als die Kinder Gottes kamen und vor den Herrn traten, auch der Satan unter ihnen war. Da sprach der Herr zu dem Satan: »Wo kommst du her?« Und er antwortete: »Ich habe die Erde hin und her durchzogen.« Da fragte ihn der Herr: »Hast du achtgehabt auf Meinen Knecht Hiob? Denn es ist seinesgleichen nicht auf Erden, fromm und rechtschaffen, gottesfürchtig und meidet das Böse.« Da antwortete der Satan und sprach: »Meinst du, dass Hiob Gott umsonst fürchtet? Hast du doch ihn, sein Haus und alles, was er hat, ringsumher beschützt. Du hast das Werk seiner Hände gesegnet, und sein Besitz hat sich ausgebreitet im Lande. Aber strecke deine Hand aus und taste alles an, was er hat: was gilt's, er wird dir ins Angesicht absagen!« Da sprach der Herr zum Satan: »Siehe, alles, was er hat, sei in deiner Hand; nur an ihn selbst lege deine Hand nicht.«

Schlag auf Schlag brach nun über Hiob herein. Eine Unglückspost nach der anderen wurde ihm gebracht. Sein Vermögen, das in großen Herden bestand, rauben die Feinde; seine Kinder kommen um. Sein ganzes irdisches Glück liegt in Trümmern am Boden. Nichts ist dem eben noch so reichen und glücklichen Mann geblieben. Da liegt er auf dem Boden. Hör zu, er spricht! Was sagt er? Ich höre seine Worte: »Der Herr hat's gegeben, der Herr hat's genommen; der Name des Herrn sei gelobt!«

Hiob hatte diese schwere Probe bestanden. Er hatte den Feind überwunden.

Noch eine zweite Probe lässt Gott zu, schwerer als die erste. Hiob erkrankt an bösen Geschwüren. Da sitzt er in der Asche und schabt seine Wunden mit einer Scherbe. Ein so übler Geruch geht von seinen Eiterbeulen aus, dass er klagen muss: »Mein Odem ist zuwider meinem Weibe.« Seine Frau kann es nicht ertragen, in seiner Nähe zu sein. Sie sagt zu ihm: »Wo ist denn nun dein Gott? Sag doch Gott ab und stirb!« Mach doch deinem elenden Leben ein Ende! Und es kommen seine Freunde, um ihn zu besuchen. Und als sie sein Elend sehen, denken sie: Was für ein schlimmer Sünder muss Hiob doch gewesen sein, was für ein elender Heuchler, dass Gott ihn so bestraft! Und das denken sie nicht bloß – das sagen sie ihm auch und zerreißen sein Herz noch mehr. Und Hiob? Er spricht das wunderbare Wort: »Ich weiß, dass mein Erlöser lebt!«

Da war der Satan überwunden. –

Der Apostel Johannes redet in seinem ersten Brief von drei verschiedenen Stufen von Gläubigen. Er redet von Kindern, von jungen Männern und von Vätern. Was sind die jungen Männer für welche? »Sie haben den Bösen überwunden.«

Bist du so ein junger Mann? Wo sind die jungen Männer im Volk Gottes, die den Bösen überwunden haben? Wo sind sie?

In der Offenbarung des Johannes wird der Teufel der »Verkläger der Brüder« genannt. Ja, das ist sein Geschäft, die Brüder zu verklagen. Wo er eine Schwachstelle ausspioniert hat, da geht er hin und verklagt die Brüder, so wie er Hiob bei Gott verklagte und verdächtigte. Bruder, findet der Teufel bei dir immer wieder Ursache, dich zu verklagen? *Jesus* konnte sagen: Es kommt der Fürst dieser Welt und hat *nichts* an Mir.« Und du?

Noch ein Wort, dann bin ich am Schluss.

Wir sind es dem ganzen Weltall schuldig, dass wir uns als auserwähltes Geschlecht beweisen. In Römer 8 schreibt Paulus: »Das ängstliche Harren der Kreatur wartet darauf, dass die Kinder Gottes offenbar werden.« Die ganze Schöpfung, die belebte und die unbelebte Natur wartet darauf, dass endlich die Kinder Gottes auf den Plan treten, Überwinder, Sieger. Wie lange wartet sie schon darauf? Und wie lange wird sie noch darauf warten müssen?

Kind Gottes, hast du nun die große Verantwortung erkannt, die du hast? Weißt du jetzt, dass du der ganzen Welt gegenüber ein Schuldner bist?

Vielleicht erschrickst du angesichts einer so großen Verantwortung. Vielleicht denkst du: Wie soll ich das denn machen, dieser Verantwortung nachzukommen?

Hab keine Angst! Hast du dich selbst zu einem Angehörigen des auserwählten Geschlechts gemacht? Nein, das hast du nicht. Das hat die *Gnade* getan. Dieselbe Gnade, die dich errettet hat, die will und wird auch dich in Stand setzen, als ein Auserkorener und Adliger standesgemäß zu handeln und zu leben! Du brauchst es nicht selbst zu machen. Du könntest es auch nicht. Aber du darfst deine Hoffnung ganz auf die Gnade setzen. Und die Gnade reicht aus für dich!

Mach täglich, stündlich, in jedem Augenblick Gebrauch von Seiner Gnade, und dein Leben wird es bezeugen in der Kraft Gottes: »Ihr aber seid das auserwählte Geschlecht.«

Das königliche Priestertum

Ihr aber seid ... das königliche Priestertum.

1. Petrus 2,9

Was heißt das? Das heißt: Ihr seid ein Volk, in dem jeder ein Priester und ein König ist. Es heißt nicht: Ihr sollt Priester und Könige *werden*, sondern: Ihr *seid* Priester und Könige. Genauso heißt es in Offenbarung 1,5-6: »Ihm, der uns liebt und uns erlöst hat von unseren Sünden mit seinem Blut und uns zu Königen und Priestern gemacht hat vor Gott, Seinem Vater, Ihm sei Ehre und Gewalt von Ewigkeit zu Ewigkeit! Amen.« Da heißt es auch nicht: der uns zu Königen und Priestern machen will, sondern: der uns dazu gemacht *hat*.

Wir *sind* Könige und Priester. Genauso wie wir das Salz der Erde und das Licht der Welt sind. Wir müssen es endlich lernen, die Bibel so zu lesen, wie sie wirklich dasteht. Es ist wahr, dass wir Könige und Priester sind, dass Gottes Gnade uns dazu gemacht hat; aber ob wir alle unseren Platz auf dem Thron und im Heiligtum eingenommen haben, das ist eine andere Frage. Wir müssen heute einmal darüber nachdenken, was das beinhaltet: »Ihr aber seid das königliche Priestertum.«

Wir sind Könige.

Wie kann Paulus das sagen?

Als Gott die Menschen schuf, da war Seine Absicht, dass sie königlich herrschen sollten. Er sprach zu ihnen: »Machet euch die Erde untertan und herrschet über sie« (1Mo 1,28).

Aber Adam herrschte nicht. Er ließ sich beherrschen. Bei der ersten Versuchung, die an ihn herantrat, unterlag er.

So wurde das Geschlecht der Menschen, das zum Herrschen berufen war, ein Geschlecht von Beherrschten. Satan wurde ihr Herrscher, der sie tyrannisierte und wie Sklaven behandelte. Nicht ein Volk von Königen stammt von Adam ab, sondern ein Volk von Knechten. Das zeigte sich schon bei der Geschichte Kains. Gott sprach zu ihm: »Die Sünde lauert vor der Tür, und nach dir hat sie Verlangen; du aber herrsche über sie« (1Mo 4,7). Aber Kain herrschte nicht über die Sünde, sondern die Sünde herrschte über ihn. Der erste Mensch, der geboren wurde, wurde der Mörder seines Bruders.

Es ist eine traurige Geschichte, die Geschichte der Menschen. Lauter Sklaven der Sünde. Auch Helden des Glaubens, wie Abraham und Noah, haben es in ihrem Leben bewiesen, dass sie zu einem gefallenen Geschlecht gehörten. Auch in ihrem Leben spielte die Sünde eine Rolle.

Das ging so weiter, bis der König kam, der andere Adam, der neue Mensch, Jesus Christus, der Hochgelobte. Der errang den Sieg über den Feind.

Wie einst Gustav Adolf, der Schwedenkönig, sein Land verließ, um seinen bedrängten Glaubensgenossen in Deutschland zu Hilfe zu kommen, so verließ der König Jesus Seine Herrlichkeit und kam in das Ausland dieser Erde, um auf diesem Schauplatz so vieler Niederlagen den Kampf mit dem Feind zu bestehen.

Kaum war die Frage laut geworden: »Wo ist der neugeborene König der Juden?«, da beginnt die Hölle den Kampf gegen Ihn. Der Kindermord in Bethlehem ist ein Zeichen davon, wie die Hölle sich aufmachte, den König zu beseitigen.

Und dann tritt der Feind dem König Jesus in der Wüste gegenüber. Dreimal führt er Ihn in Versuchung. Aber dreimal wird der Feind geschlagen, so dass er sich zurückziehen muss.

Aber *ein* Sieg entscheidet den Krieg noch nicht. Bald waren es die Pharisäer, dann die Sadduzäer, bald sogar die Jünger des Herrn, die der Feind benutzte, um den König zu fangen. In allen Dingen wurde Er versucht wie wir – aber Er sündigte dabei nicht. Jede Schlacht war Sieg.

Endlich kam die Entscheidungsschlacht von Gethsemane bis Golgatha. Da machte der Feind den letzten Vorstoß. Da ließ der König, aus tiefen Wunden blutend, Sein Leben. Aber damit errang Er zugleich den entscheidenden Sieg: Es ist vollbracht!

Da war der Sieg errungen. Endgültig, für alle Zeiten, für die ganze Welt. Dadurch war die Macht und Herrschaft des Feindes gebrochen. Jetzt hat er nichts mehr zu sagen über uns. Er hat kein Anrecht mehr auf uns. Das Kreuz von Golgatha ist das Zeichen seiner Niederlage.

Der Sieg ist vollbracht. Jetzt kommt es nur darauf an, dass wir *glauben.* Dass wir glauben an die vollbrachte Erlösung. Der Sieg von Golgatha hat uns zu Königen gemacht. Das dürfen wir *glauben* und im Glauben unsere Herrschaft antreten.

Was? fragt jetzt unser Zweifel. Wir würden Könige sein? Das kenne ich nicht. Davon zeigt mein Leben nichts. Nein, ich bin kein König. So oft muss ich sehen, dass ich wieder versage!

Sicher, es gibt Christen, deren Leben eine Kette von lauter Niederlagen ist, die wie Sklaven festgekettet sind an der Sünde, und die sich herumschleppen mit ihren Gebundenheiten. Und das ist so sehr ihre tägliche Erfahrung, dass sie darauf ein Dogma gegründet haben, das heißt: Es gibt keinen Sieg über die Sünde!

Die Bibel sagt: Ihr seid Könige; aber viele Christen setzen ihre Erfahrung dagegen und sagen: Das ist nicht wahr.

Wie passt das zusammen?

Eine Tatsache hört nicht auf eine Tatsache zu sein, wenn sie nicht geglaubt wird. Es ändert an einer Tatsache gar nichts, ob viele oder wenige sie glauben.

In der Bibel steht es als eine Tatsache: »Er hat uns zu Königen und Priestern gemacht.« Es fragt sich jetzt nur, ob du das glaubst oder nicht. Der Fehler vieler Christen liegt darin, dass sie es erst *erfahren* wollen, um es dann hinterher zu *glauben*. Aber dieser Weg ist falsch. In den Besitz von Gottes Segnungen kommen wir *nicht* auf dem Weg der Erfahrung, sondern nur auf dem Weg des *Glaubens*. Du musst glauben, was in der Bibel steht. Gott hat dich durch das Kreuz von Golgatha, durch die vollbrachte Erlösung zu einem König gemacht. Ob du das glaubst oder nicht glaubst, ist deine persönliche Sache. Du kannst diese Tatsache bezweifeln und ein Sklave bleiben. Du kannst sie glauben und – herrschen. Beides steht dir frei. Was willst du tun?

Vor Jahrzehnten gab es in Amerika einen Bürgerkrieg zwischen den Nordstaaten und den Südstaaten. Sollte die Sklaverei abgeschafft oder beibehalten werden? Die Nordstaaten, die gegen die Sklaverei waren, haben gesiegt. Die Sklaverei wurde abgeschafft. An einem bestimmten Tag wurden alle Sklaven frei.

Das war eine Tatsache. Es hatte viel Blut gekostet, bis es dazu gekommen war. Aber nun war es eine Tatsache: Die Sklaverei hatte ein Ende.

Natürlich gab es Herren, denen das sehr unangenehm war. Sie teilten ihren Sklaven den Erlass nicht mit. Sie hielten ihre Sklaven weiter. Aber wie ein

Lauffeuer ging es durch das Land und kam auch zur entlegensten Farm: »Die Sklaverei ist zu Ende. Wir sind frei!« Da konnten die Herren nichts mehr dagegen machen. Sie mussten die Sklaven freilassen.

Genauso wurde uns auf Golgatha der Freibrief durch Blut errungen und erkämpft. Wir brauchen keine Sklaven mehr zu sein. Die Sklaverei ist abgeschafft. Willst du das glauben oder willst du dich der Macht des Feindes weiter unterwerfen? Der Feind hat nur so viel Macht über dich, wie du ihm gibst! Wenn du dich auf den Siegesboden von Golgatha stellst und dafür dankst: »Welch Glück ist's, erlöst zu sein, Herr, durch Dein Blut!« – dann hat der Teufel keine Macht und kein Recht mehr an dir!

Willst du das glauben? »Er *hat* uns zu Königen gemacht.«

Sobald du es *glaubst*, wirst du es auch *erfahren*. Durch deinen Glauben wird sofort auch dein Leben beeinflusst und verändert werden. Sobald du diesen Glaubensschritt getan hast, stehst du der Sünde gegenüber ganz anders da. Sobald du durch den *Glauben* die Überzeugung gewonnen hast: ich bin ein König, ich habe Sieg, wirst du Versuchungen ganz anders begegnen.

Im japanisch-russischen Krieg erlitten die Russen eine Niederlage nach der anderen. Sie gingen in die Schlacht hinein mit dem niederdrückenden Gefühl: Wir werden bestimmt geschlagen. Die Japaner jedoch gingen in den Kampf mit der Zuversicht: Wir werden heute siegen! Und – sie siegten.

Wenn du in Versuchungen hineingehst mit dem Gedanken: Ich werde ja doch wieder eine Niederlage erleben! – dann wirst du auch Niederlagen erleben. Das ist sicher. Aber wenn du in den Kampf gehst in dem Bewusstsein: Ich bin ein König! Jesus hat auf Golgatha den Sieg über den Feind errungen, er darf mich nicht mehr als Sklave betrachten und mich beherrschen! – dann wirst du siegen!

Ist das möglich? Ja, sicher! »Unser Glaube ist der Sieg, der die Welt überwunden hat.« »Gott aber sei Dank, der uns den Sieg gibt durch unsern Herrn Jesus Christus!« »Sie erhalten einen Sieg nach dem andern, dass man sehen muss, der rechte Gott sei zu Zion.« »Man singt mit Freuden vom Sieg in den Hütten der Gerechten; die Rechte des Herrn ist erhöht, die Rechte des Herrn behält den Sieg.« Gott sei gepriesen, dass er uns auf Golgatha zu Königen gemacht hat! Dass wir durch das Kreuz die Möglichkeit haben, ein Leben des Sieges zu führen!

Was haben wir jetzt zu tun? Zu glauben, dass wir das königliche Priestertum sind, und es zu leben! Wenn wir in eine Versuchung kommen, dann dürfen wir mit dem Kreuz von Golgatha rechnen, dann dürfen wir uns auf den Sieg Jesu berufen.

Vor einem Fehler musst du dich hüten. Du brauchst nicht denken: Ich bin ein König, – jetzt bin ich mit allem fertig! Jetzt gibt es keine Versuchung mehr und keine Sünde!

Das wäre eine komplett falsche Meinung. Wenn du heute im Glauben deinen Platz auf dem Thron einnimmst, um über die Sünde zu herrschen, dann musst du morgen und jeden Tag deinen Platz im Glauben festhalten und behaupten! Wir leben im Glauben. Und es geht nur durch den Glauben und im Glauben. Auf den ersten Schritt im Glauben müssen viele weitere Glaubensschritte folgen, bei denen du dir immer wieder sagst: »Ich bin ein König! Wie sollte ich ein solch großes Übel tun und gegen Gott sündigen?«

Ein königliches Priestertum. Jeder ein König und jeder ein Priester.

Ich muss noch einmal betonen, dass wir nicht Priester sein *sollten*, sondern dass wir Priester *sind*. Wir haben uns an dieses »wir sollten sein« so gewöhnt, dass wir es uns gar nicht oft genug vor Augen halten können: Wir *sind*.

Wir sind Priester, berufen, Dienst im Heiligtum zu verrichten. Hast du deinen Priesterdienst schon angetreten, du Kind Gottes? Oder noch nicht?

Es gibt so viele Richter unter den Christen. Mit einem anderen Wort heißt das: Kritiker. Aber Priesterdienst gibt es so wenig! Es wird so viel verurteilt! Da kommt man aus dem Gottesdienst. Jetzt wird der Bruder kritisiert, der die Predigt gehalten hat. »Nein, das war heute gar nichts! Ich habe schon über längere Zeit den Eindruck, dass er einem nicht mehr so viel gibt.« Kein Wunder, wenn er solche Zuhörer hat! Oder es wird über die Besucher geredet und gerichtet.

Daran leidet manche Gemeinde, das ist für manchen Gemeindeleiter ein Grund zum Seufzen, dass es so viele Richter gibt und so wenige Priester.

Wenn du den Eindruck hast, dass der Leiter der Gemeinde ausgelaugt und müde ist, was solltest du dann für ihn tun?

Anstatt darüber zu reden und zu richten, geh ins Heiligtum und tue Priesterdienst. Bete für ihn! Es ist keine Kleinigkeit, Menschen vom Brot des Lebens zu essen zu geben. Dafür braucht man Fürbitte.

Paulus schreibt immer wieder, dass man für ihn beten sollte. Es war ihm so wichtig, von der Fürbitte unterstützt und getragen zu werden! Wenn jemand wie Paulus die Fürbitte so nötig hatte, dann unsere Prediger sicherlich nicht weniger.

Gehst du betend in den Gottesdienst? Tust du Priesterdienst, während der Prediger spricht? Dann bin ich ganz sicher, dass Bäche von heiligem Öl auf ihn fließen werden durch dein Gebet, und dass es ihm gegeben werden wird, mit Freude das Wort zu verkündigen.

Was wir brauchen, so dringend brauchen, dass sind Christen, die sich darauf verstehen, Dienst im Heiligtum zu tun! Wir brauchen Priester, welche die Not und Belastung des Volkes Gottes und einer kranken Welt als eigene Not und Belastung aufs Herz nehmen.

Schau dir einmal Mose an, da kannst du sehen, was es heißt, ein Priester Gottes zu sein.

In 2. Mose 32 lesen wir, wie Gottes Geduld mit Israel erschöpft ist. »Ich sehe, dass es ein halsstarriges Volk ist. Und nun lass mich, dass mein Zorn über sie entbrenne und sie vertilge; dafür will ich *dich* zum großen Volk machen.«

Was für eine Aussicht für Mose! Er soll der Gründer und Stammvater eines neuen Volkes werden! Wer hätte da nicht mit Freuden zugestimmt?

Mose nicht. Im Gegensatz dazu schreit er zum Herrn: »Ach Herr, warum will dein Zorn entbrennen über dein Volk, das du mit großer Kraft und starker Hand aus Ägyptenland geführt hast?«

Und Gott erhörte seinen Knecht und wandte sich ab von seinem Zorn.

Aber als dann Mose die Sünde des Volkes sieht, das um das goldene Kalb tanzt, da fürchtet er, Gott könnte eine solche Sünde vielleicht nicht vergeben. Deshalb betet er zum Herrn und sagt: »Ach, das Volk hat eine große Sünde getan, und sie haben sich goldene Götter gemacht. Nun vergib ihnen ihre Sünde; *wo nicht, so tilge mich auch aus deinem Buch*, das du geschrieben hast.«

Was für ein Gebet! So verbunden fühlte sich Mose mit dem Volk Israel, dass er nicht leben will – ohne Israel! Wenn Gott Israel nicht begnadigen kann, dann will Mose auch keine Gnade für sich!

Sich so mit dem Volk zu verbinden durch ein leidenschaftliches, priesterliches Bitten, – das macht das Herz eines Priesters aus.

Ein zweites Beispiel: Daniel liegt vor seinem Gott auf dem Angesicht und betet: »Ach lieber Herr, du großer und schrecklicher Gott, der du Bund und Gnade hältst denen, die dich lieben und deine Gebote halten: wir haben gesündigt, unrecht getan, sind gottlos gewesen und abtrünnig geworden; wir sind von deinen Geboten und Rechten gewichen« (Dan 9,4-5).

Wie? Ist Daniel abtrünnig geworden und gottlos gewesen? Nein, Gott stellt ihm das Zeugnis aus: »Du bist von Gott geliebt.« Ja, wie kann er dann sagen. »Wir haben gesündigt …«? Er nimmt die Sünden des Volkes auf sein Herz, als wären es seine eigenen Sünden. Er gibt seine Schultern her, um die Last des Volkes mitzutragen. Die Schuld des Volkes – seine Schuld: Das ist das Herz eines Priesters.

Und jetzt noch ein Bild aus dem Neuen Bund. Wie hat Paulus seinen Meister geliebt! Wie hat er an ihm gehangen mit allen Fasern seines Herzens! Und was sagt er im Römerbrief? (Röm 9,3) »Ich selber wünschte, verflucht und von Christus getrennt zu sein für meine Brüder, die meine Stammverwandten sind nach dem Fleisch.« Von Christus verflucht und von ihm getrennt! Was für ein Gedanke! Aber – wenn er damit Israels Rettung erkaufen kann, dann – ist er dazu bereit, von Christus getrennt zu sein!

So leidenschaftlich liebte er sein Volk! So inständig erfleht er die Rettung des Volkes.

Weil wir berufen sind, solche Priester zu sein, deshalb hat uns der Herr im Vaterunser die Bitte in den Mund gelegt: »Vergib uns unsere Schuld.« Kinder Gottes beten nicht nur für sich, sie geben ihre Schultern her, um die Last des ganzen Volkes Gottes zu tragen. Und sie geben ihr Herz dafür her, priesterlich mit einzutreten für die Schäden anderer.

Tust du deinen Priesterdienst im Heiligtum? Geht es dir zu Herzen, wie es in der Welt aussieht, wie die Sünde der Menschen zum Himmel schreit? Oder gehst du gleichgültig an Menschen vorbei, die auf dem Weg in die Hölle sind?

Erbarme dich doch über die sterbende und verderbende Welt, die dich umgibt! Bring doch das Elend der Welt, die Sünden deiner Umgebung mit priesterlichem Flehen vor Gott! Tritt doch vor Gott ein für die Stadt, das Land, in dem du lebst, wie Abraham mit seiner Fürbitte eingetreten ist für Sodom!

Und wie traurig sieht es auch aus im Volk Gottes! Wie zerrissen, wie zerspalten ist die Gemeinde des Herrn! Da braucht man starke Schultern und treue Herzen, um den Priesterdienst zu verrichten für die Not der Gemeinde!

Wie viel lieblose Urteile! Wie viel scharfe Worte! Wie viel gehässige Artikel! Wie viel schnelles Dreinfahren mit dem Schwert! Und – wie wenig Priesterdienst! Wie wenig Tränen im Heiligtum!

Wenn doch die Kinder Gottes aufwachen würden für ihre große, göttliche Aufgabe! Wenn sie erkennen würden: es wurde genug gerichtet, genug gestritten, genug gekämpft, jetzt ist es Zeit, zu beten und Gott anzuflehen!

Kind Gottes, du bist zum Priesterdienst berufen. Viel Zeit hast du schon verloren! Viel Versäumtes verklagt dich! Aber es ist noch Zeit, dass du dich neu besinnst auf deine Aufgabe und deinen Beruf. Denk daran, was die Bibel sagt: *»Ihr aber seid das königliche Priestertum.«*

Das heilige Volk, das Volk des Eigentums

Ihr aber seid … das heilige Volk, das Volk des Eigentums.

1. Petrus 2,9

Das heilige Volk? Was heißt denn das? Wer ist denn heilig? – Durch den Missbrauch, den die römische Kirche mit diesem Wort getrieben hat, ist es leider stark in Misskredit geraten. Aber es ist ein biblisches Wort, und wir müssen es für unseren Sprachgebrauch zurückerobern.

»Heilig« heißt: »für Gott da«.

Man spricht von »heiligen Geräten«. Das sind Gegenstände, die dem gewöhnlichen, alltäglichen Gebrauch entzogen sind, um für den Dienst Gottes da zu sein. Sie sind nicht mehr für das tägliche Leben in der Welt da; sie sind – für Gott da.

Mit den Menschen ist es genauso. Wenn Gott seine Hand auf einen Menschen gelegt und zu ihm gesagt hat: »Fürchte dich nicht, Ich habe dich erlöst; Ich habe dich bei deinem Namen gerufen, du bist Mein«, dann ist dieser Mensch heilig. Das bedeutet nicht: Er sündigt nicht mehr. Das heißt es nicht, sondern es heißt: »Er ist für Gott da.«

Im ersten Brief an die Thessalonicher schreibt Paulus. »Ihr seid bekehrt zu Gott von den Abgöttern, zu dienen dem lebendigen und wahren Gott.«Das ist der Zweck, zu dem Gott Menschen rettet aus der Welt – Er will Diener haben, Er will Werkzeuge haben, die Er benutzen kann, um Seine Pläne und Absichten zu verwirklichen.

Wie viele Christen haben das noch nicht begriffen! Sie denken, nach ihrer Bekehrung wäre Gott für sie da. Sicher, wir dürfen Ihm unsere Anliegen und Bitten vortragen, und er hört unser Gebet. Aber es ist doch nicht so, dass Gott für uns da ist! Was für ein unpassendes Verhältnis! Im Gegenteil: wir sind für Gott da!

Weißt du das, dass du eine Bekehrung erlebt hast, um »heilig«, das heißt für Gott da zu sein?

Glaubst du, das wäre aber schwer, das wäre ein harter Zwang? Dann hast du diese Angelegenheit noch nicht richtig verstanden. Nein, das ist kein Zwang, das ist etwas, was wir dürfen! Du darfst dem großen Gott zur Verfügung stehen, und Er will dich, ja, dich gebrauchen in Seinem Dienst! Ist das nicht herrlich? Du sollst Ihm helfen, Heilandsarbeit zu tun. Du sollst Ihm helfen, durch die Liebe Menschen zu retten aus der Sünde und einer verlorenen Welt. Ist das nicht wunderbar? Sollte das nicht für alle Christen ein Grund sein, Gott zu danken und Ihn anzubeten, weil Er uns eine solche Ehre erweist?

Aber: es gibt viele, die sich darüber nicht freuen. Warum nicht? Wer für Gott da ist, der darf keinen eigenen Willen mehr haben, keine eigenen Wünsche mehr. Und ihren eigenen Willen wollen sie nicht opfern. Abdanken und dem Herrn die Herrschaft und Verfügungsgewalt über sich einräumen, das wollen sie nicht.

Wie gedankenlos! Wie traurig!

Anstatt dem Herrn zur Verfügung zu stehen und für ihn da zu sein, bleiben sie ihre eigenen Herren. Das eigene Ich ist das Zentrum, um das sich ihr Leben und ihre Ziele drehen. Wenn es ihnen nur gut geht, wenn das fromme Gefühl stimmt, wenn sie ein paar schöne Stunden haben, wenn sie nur in Ruhe gelassen werden! Arme Egoisten!

Solche Leute gibt es viele unter den Christen. Was für eine Last sind sie für die Gemeinde und ihren Leiter! Anstatt zu *geben*, wollen sie immer nur *haben*. Anstatt im Dienst des Herrn anderen zu dienen, wollen sie, dass man *ihnen* dient, dass man ihnen die gebührende Ehre erweist, dass man die erforderliche Rücksicht auf sie nimmt. Solche Christen machen sich und anderen das Leben schwer, weil sie noch nicht von ihrem Ich gelöst sind, weil sie sich immer um ihr eigenes kleines Ich drehen!

Und Gott? Er möchte Leute haben, die Ihm zur Verfügung stehen, Menschen, mit denen Er machen kann, was Er will, Menschen, die sich von Ihm gebrauchen lassen – und Er findet so wenige! Wenn die Augen des Herrn alle Lande durchlaufen, wie es in 2. Chronik 16,9 heißt, um solche Menschen zu finden, die von ganzem Herzen an Ihm sind – findet er dann auch dich? Oder bist du mit deinen eigenen Angelegenheiten noch so beschäftigt, dass du keine Zeit und kein Interesse hast für die großen Angelegenheiten Gottes?

»Ihr seid das heilige Volk«, schreibt Petrus. Bist du bekehrt? Dann hast du nicht mehr das Recht, für dich selbst zu leben, sondern du bist bekehrt, um Gott zur Verfügung zu stehen!

Im Alten Bund trug der Hohepriester einen kleinen Schild an der Stirn, auf dem stand: »Heilig dem Herrn.« Das sollte aussagen, dass dieser Mann mit seinem ganzen Leben und Handeln dem Herrn zur Verfügung stehen sollte.

Unsichtbar trägt jedes wahre Kind Gottes denselben Stempel: »Heilig dem Herrn.« Für Gott da! Es lebt nicht mehr für sich selber und nach seinen eigenen Wünschen, sondern es fragt in allem: »Herr, was willst Du, dass ich tun soll?«

Wie herrlich ist es, so mit seinem ganzen Leben an den Herrn und an Seinen Willen gebunden zu sein! Diese Bindung an Ihn, das ist die wirkliche Freiheit. Wer nicht an den Herrn gebunden ist mit Leib und Seele, der ist an sein Ich gebunden, der ist ein Sklave seines eigenen Ich!

Das heilige Volk! Wer dazu gehört, der kann voller Dank und Freude bezeugen:

»Mein Wille gehört meinem Gott,
ich traue auf Jesum allein!«

Glaubst du, das wäre schwer? Dann bin ich sicher, du hast deinen eigenen Willen noch nicht geopfert. Sonst würdest du das nicht sagen. Natürlich, wer noch seinen eigenen Willen hat, sein Leben nach seinen eigenen Wünschen einrichten möchte, der empfindet den Willen Gottes, der etwas *anderes* will, als etwas Unangenehmes und Schweres. Der befindet sich immer im Streit: ich sollte so – aber ich möchte so! Solange man sich in dieser Lage befindet, ist man natürlich nicht glücklich.

Aber wenn man den eigenen Willen opfert, wenn man mit dem Lied sagt:

»Vor meines Herzens König
leg eine Gab ich hin,
und ist's auch arm und wenig,
ich weiß, es freut doch Ihn: –
es ist mein eigner Wille,
den geb ich in den Tod,
auf dass mich ganz erfülle
Dein Wille, Herr, mein Gott!«

Dann kommt man zur Ruhe, dann erlebt man Freiheit und Freude.

Wir brauchen nicht mehr für uns selbst zu leben, wir brauchen uns nichts mehr durch unseren Eigenwillen befehlen zu lassen: wir dürfen für den Herrn leben! Wir sind »heilig«, wir sind für Gott da!

Das heilige Volk! Es besteht aus Menschen, die nicht nur in der Kirche und während der Gemeindeveranstaltungen für Gott da sind, die Gott nicht nur auf christlichen Konferenzen vor Augen haben. Sondern ihr ganzes Leben steht unter dem Leitsatz: »Heilig dem Herrn!«

Heilig dem Herrn – in unserem Beruf! Auch wenn niemand uns beobachtet, uns keiner kontrolliert, wir haben es nicht mit Menschen zu tun, wir haben es mit Gott zu tun! Von Ihm sind wir abhängig. Ihm müssen wir Rechenschaft ablegen. Ihn sollen und wollen wir verherrlichen!

Heilig dem Herrn – bei uns zu Hause, in unserer Familie! Wir denken nicht, dass wir uns dort gehen lassen, dass wir uns daheim etwas erlauben könnten. Wir wissen, dass es gerade darauf ankommt, unser Licht für die leuchten zu lassen, die mit uns zusammenleben.

Heilig dem Herrn – das steht über unserer Arbeit und unserer Freizeit, das steht über dem Wohnzimmer und über dem Schlafzimmer genauso wie über der Küche. Wohin ein Christ kommt, was er auch tut und womit er sich zu Hause oder unterwegs beschäftigt, es steht immer unter demselben Leitgedanken: »Heilig dem Herrn!«

Das heilige Volk!

Und auch das Volk des Eigentums! Das sind wir, und das wollen wir sein. Wir gehören Ihm von Rechts wegen, weil Er uns erkauft hat. Einen hohen Preis hat er für uns bezahlt. Sein Blut hat Er für uns fließen lassen. »Wisset,« schreibt der Apostel Petrus, »dass ihr nicht mit vergänglichem Silber oder Gold erlöst seid von eurem eitlen Wandel nach väterlicher Weise, sondern mit dem teuren Blut Christi als eines unschuldigen und unbefleckten Lammes« (1Petr 1,18-19).

Das Volk des Eigentums sind wir, durch das Blut, das auf Golgatha für uns geflossen ist. Dort hat Er uns für sich als Sein Eigentum erkauft. Und nun gehören wir Ihm.

Wirklich, gehörst du Ihm mit allem, was du bist, und mit allem, was du hast?

Paulus schreibt: »Ihr seid teuer erkauft. Darum so preiset Gott an eurem Leibe und in eurem Geiste, welche sind Gottes« (1Kor 6,20). Was heißt das? Alle Fähigkeiten und Gaben, die wir besitzen, sollen benutzt werden, um Gott zu verherrlichen und Ihn zu preisen.

Ist das denn nicht absolut unfrei? fragst du vielleicht.

Ist es nicht ein wunderbarer Lebenszweck, frage ich dagegen, Gott zu verherrlichen?

Je mehr du in die Abhängigkeit von Gott kommst, um so glücklicher wirst du! Um so einfacher wird dein Leben. Um so mehr kommt deine Seele zur Ruhe.

Das Volk des Eigentums – es ist abhängig, in allem abhängig, – mit Leib und Seele. Weißt du das?

Wenn alles dem Herrn gehört, dann gehören Ihm z.B. unsere *Augen*. Dann können wir mit unseren Augen nicht machen, was wir wollen. Wir können nicht Bücher lesen und Bilder betrachten, wie wir das gern wollen, denn unsere Augen sind nicht unser Eigentum. Der Psalmist sagt: »Meine Augen sehen stets zu dem Herrn« (Ps 25,15). Aber wohin schauen die Augen vieler Christen! Wohin schauen deine Augen? Du hast kein Recht, mit deinen Augen zu machen, was du willst, – deine Augen gehören dem Herrn. Er hat dich erkauft, und deine Augen mit! Genauso ist es mit deinen *Ohren*. Du kannst und darfst auch mit deinen Ohren nicht hören, was du willst!

Der Prophet Jesaja sagt: »Er weckt mich alle Morgen; Er weckt mir das Ohr, dass ich höre, wie ein Jünger« (Jes 50,4). Hörst du auch wie ein Jünger? Wenn du zweifelhaften Witzen zuhörst, wenn dir Witze gefallen, die auf Kosten anderer gemacht werden, dann hörst du nicht »wie ein Jünger«.

Betrachte einmal das Beispiel Jesu. Über ihn steht ein wunderbarer Vers im Propheten Jesaja (Jes 42,19): »Wer ist so blind wie mein Knecht, und wer ist so taub wie mein Bote, den ich sende ? Wer ist so blind wie der Vollkommene und so blind wie der Knecht des Herrn?«

Warum wird hier vom Herrn gesagt, dass Er »so blind« und »so taub« war wie sonst keiner? Deshalb, weil Er nur Ohren und Augen für Seinen Vater hatte. Für alles, was von unten war, war er blind und taub. Der Teufel konnte Ihm alle Reiche der Welt und ihre Herrlichkeit zeigen – Er hatte keine Augen dafür. Er konnte Ihn mit Bibelversen versuchen – er hatte dafür keine Ohren. Er war in allem abhängig von Seinem Vater.

Und wie sieht es aus mit deiner *Zunge*? Gehört die auch dem Herrn? Wenn Christen nicht so häufig vergessen würden, dass auch ihre Zunge Gott gehört, dann wäre es nicht nötig, dass so viele Warnungen in der Bibel stehen, mit der Zunge nicht zu sündigen! Was für ein kleines Körperteil ist die Zunge, und wie viel Schlimmes richtet sie an, wenn sie nicht in die Abhängigkeit vom Herrn kommt! Wie oft haben auch Christen die Mahnung des Apostels nötig: »Lasset kein faules Geschwätz aus eurem Mund gehen, sondern redet, was gut ist, was erbaut und was notwendig ist, damit es Segen bringe denen, die es hören« (Eph 4,29).

Lass doch Gott auch über deine Zunge Herr sein! Sag ihm doch:

»Nimm die Stimme, lehre mich
reden, singen nur für dich!
Nimm, o Herr, die Lippen mein,
lege Deine Worte drein!«

Ihm gehören auch deine *Hände*. Er will deine Hände gebrauchen in Seinem Dienst. Er hat Aufgaben und Aufträge für dich. Lass sie dir nur von Ihm zeigen!

Und deine *Füße* gehören ihm. Du kannst nicht die Wege gehen, die dir gefallen, sondern die Er dir zeigt. Er hat ja gesagt: »Ich will dir den Weg zeigen, den du gehen sollst!«

Weißt du auch, dass dein *Geld* Ihm auch gehört? Wir oft hat man von Christen den Eindruck, dass ihre Bekehrung nur bis zum Geldbeutel geht und dort Halt macht. Das Geld ist bei vielen ein Gebiet, über das Jesus noch kein Verfügungsrecht bekommen hat. Das ist sehr traurig!

Vergiss nicht, das Geld in deiner Tasche, das ist Sein Geld. Du sollst es für Ihn verwalten. Wenn du nun mit Seinem Geld nach deinem Belieben umgehst, dann – vergreifst du dich an dem Geld deines Herrn!

Lass doch Jesus den Herrn deines Geldes sein! Stell ihm doch auch dein Geld zur Verfügung! Der Herr möchte so gern Missionare mit dem Evangelium hinausschicken zu Menschen, die Ihn noch nicht kennen! Aber es können nicht so viele gehen, wie nötig wären. Warum nicht? Weil so viele Christen nicht los sind von ihrem Geld! Weil so viele ihr Geld festhalten, das doch Gott gehört!

Stell dir doch vor, du darfst mit deinem Geld mithelfen, das Reich des Herrn zu bauen. Ist das nicht wunderbar? Du darfst mit deinen Gaben dazu beitragen, dass in China und in der Südsee und in Sumatra die Sache Gottes vorwärts geht! Ist das nicht eine wunderbare Sache?

Noch etwas: Was machst du mit deiner *Zeit*? Auch deine Zeit gehört Gott. »Meine Zeit steht in Deinen Händen«, sagt der Psalmist. Unsere Zeit ist so kurz! Und unsere Zeit ist so kostbar! Deshalb dürfen wir sie nicht verschwenden und nicht vergeuden und verlieren! Deshalb müssen wir sie auskaufen für den Herrn.

»O, so viel ist noch zu tun,
und die Tage gehen vorbei!«

Volk des Eigentums, hör auf, für dich selbst zu leben, gib dich endlich ganz deinem Herrn hin. Darauf wartet Er. Er möchte dich haben, ganz und ungeteilt!

Du brauchst nicht zu fürchten, dass Er dich überfordern und dir eine zu große Last auflegen würde. Nein, Er geht sorgsam mit Seinem Eigentum um, das Er sich teuer erkauft hat! Darauf kannst du dich verlassen!

Wenn sich doch alle, die das lesen, mit großer Ernsthaftigkeit vor dem Angesicht Gottes prüfen würden, im Gebet auf ihren Knien: bin ich wirklich Sein Eigentum, über das Jesus freies und volles Verfügungsrecht hat? Bin ich wirklich, mit allem, was ich bin und habe, für meinen Gott da? Gehört ihm mein Herz – mein Leben – mein Körper – mein Haus – meine Familie – mein Beruf – mein Geld – meine Zeit – meine Gaben und Fähigkeiten – alles?

Und wenn du siehst, dass es noch Bereiche gibt, die sich Seinem Einfluss und seiner Herrschaft bisher entzogen haben, dann gib sie Ihm heute! Dann sage ihm ehrlich und aufrichtig:

»Herr, hier bring ich mein alles:
Leib, Seel und Geist Dir dar,
O, Du mein Hoherpriester,
nimm hin mich ganz und gar!«

Ja, gib Ihm alles, und dann – lass Ihm alles! Nimm es nicht wieder zurück! Lass alles in Seiner Hand, in Seiner Herrschaft. Denke daran, was Petrus gesagt hat: *Ihr aber seid das heilige Volk, das Volk des Eigentums!*

Verkündiger der Tugenden Jesu

... dass ihr verkündigen sollt die Tugenden des, der euch berufen hat von der Finsternis zu Seinem wunderbaren Licht.

1. Petrus 2,9

Das möchte ich noch besonders unterstreichen: Die Kinder Gottes sind Verkündiger der Tugenden Jesu. Nach der Übersetzung Luthers sieht es hier allerdings so aus, als ob es den Kindern Gottes wie ein Gesetz auferlegt werden würde: »Ihr *sollt* Verkündiger seiner Tugenden sein!« Aber so ist es in Wirklichkeit nicht. Luther hat oftmals das Wort »sollen« verwendet, wo man es besser vermeidet. So heißt es zum Beispiel an der bekannten Stelle von Titus 2 nicht: »Die Gnade züchtigt – oder erzieht – uns, dass wir verleugnen *sollen*«, sondern es heißt einfach: »die Gnade erzieht uns, dass wir verleugnen das ungöttliche Wesen und die weltlichen Lüste.« Es ist die selbstverständliche Folge: Wenn die Gnade in unserem Leben die Herrschaft bekommen hat, dann hat man den Geschmack an ungöttlichem Wesen und weltlichen Lüsten verloren. Es braucht einem Kind Gottes gar nicht besonders eingeschärft zu werden: du musst jetzt das weltliche Wesen aufgeben! Nein, ein Christ gibt das von selbst auf, weil er keinen Geschmack mehr daran findet.

Genauso ist es auch hier. Wer zum auserwählten Geschlecht, zum königlichen Priestertum, zum heiligen Volk, zum Volk des Eigentums gehört, dem braucht man nicht zu sagen: Du *sollst* jetzt die Tugenden Jesu verkündigen, sondern der *ist* ein Verkündiger Seiner Tugenden.

Was heißt das aber: ein Verkündiger der Tugenden Jesu? Wie sollen wir das denn machen?

Das ist nicht damit gemeint, dass wir herumgehen und den Leuten aufzählen sollten, welche Eigenschaften und Tugenden Jesus gehabt habe. Nein! Es heißt nicht, dass wir den Leuten sagen sollen: Jesus war so freundlich, Jesus war so barmherzig, Jesus war so voll Liebe usw. Nein, das ist nicht gemeint.

Wir haben die Aufgabe, die Tugenden Jesu mit unserem Lebensstil zu verkündigen, den Menschen in unserer Umgebung die Tugenden Jesu in unserem Leben zu zeigen. Was für ein hoher Beruf ist das! Was für eine herrliche Aufgabe!

Nun möchte ich dich fragen: Hast du bisher bei dir zu Hause, in deiner Familie, in deiner Werkstatt, in deinem Büro, in deiner Schule die Tugenden Jesu verkündigt?

Ehe ich dich um eine Antwort bitte, will ich dir noch sagen, was das für Tugenden sind. Es gibt einen Vers in der Bibel, in dem diese Tugenden Jesu schön zusammenstehen. Ich meine Galater 5,22.

Dieser Vers heißt: »Die Frucht aber des Geistes ist Liebe, Freude, Friede, Geduld, Freundlichkeit, Gütigkeit, Treue, Sanftmut, Keuschheit.« Diese Eigenschaften werden hier als »die Frucht des Geistes« bezeichnet. Das heißt: wenn ein Mensch in lebendiger Verbindung mit Gott steht, dann bewirkt Gott diese Eigenschaften in ihm durch den Heiligen Geist. Am Baum eines natürlichen Menschen wächst diese Frucht nicht. Gott lässt sie durch Seinen Heiligen Geist entstehen, wenn wir uns Ihm in lebendigem Glauben anvertrauen. Ursprünglich sind diese Eigenschaften, die hier aufgezählt werden, nicht *unsere* Eigenschaften, sondern *Gottes* Eigenschaften. Aber diese göttlichen Tugenden werden unsere Tugenden, wenn wir durch den Heiligen Geist mit dem Herrn in Verbindung treten.

Wir wollen diese Tugenden Jesu einmal etwas näher anschauen und uns dabei bewusst sein: diese Eigenschaften habe ich in der Welt zu zeigen in meinem Leben.

Die erste Tugend, die hier genannt wird, ist die *Liebe.*

Welch eine Liebe hatte Jesus! Er hätte nicht seine Herrlichkeit aufgegeben, Er wäre nicht auf unsere Erde gekommen, wenn Er nicht eine solche Liebe gehabt hätte! Er konnte es nicht mit ansehen, wie die Menschen dahinlebten und dahinstarben; es jammerte Ihn des Volkes. So sehr hat Er die verlorene Welt geliebt, dass Er Sein Leben gab, um sie zu erretten! Das war Liebe!

Wie hat Er seine Jünger geliebt! Eine wunderbare Bibelstelle berichtet uns davon. In Johannes 15,9 sagt Er: »Gleichwie Mich Mein Vater liebt, also liebe Ich euch auch.« Wie hat der Vater den Sohn geliebt! Nie ist auch nur die geringste Disharmonie zwischen dem Vater und dem Sohn gewesen. Und jetzt bedenke einmal: Genauso wie der Vater den Sohn liebt, so liebt Jesus Seine Jünger! Ist das nicht etwas Gewaltiges?

Und jetzt höre weiter! In Vers 12 sagt der Herr: »Das ist Mein Gebot, dass ihr euch untereinander liebet, gleichwie Ich euch liebe.«

Sieh, wir sollen die Tugenden Jesu verkündigen! Hast du Seine Liebe verkündigt? Daran soll uns die Welt, wie die Bibel sagt, als Jünger Jesu erkennen, dass wir Liebe untereinander haben.

Ist dein Herz mit Seiner Liebe erfüllt?

Da werden wir wohl bekennen müssen: Wie viel hat uns bisher daran gefehlt! Wie wenig war die Liebe Jesu in unserem Leben sichtbar! Wie weit bin ich zurückgeblieben hinter dem Bibelwort: »Das ist Mein Gebot, dass ihr euch untereinander liebet, gleichwie Ich euch liebe!«

Wie sehr mangelt es in den Reihen der Christen an dem Verkündigen dieser Tugend Jesu! In der Zeit der ersten Christen gaben die Heiden den Christen das Zeugnis: »Siehe, wie haben sie einander so lieb!« Können das Nichtchristen heute auch noch sagen? Das Herz wird einem schwer, wenn man an den Mangel an Liebe denkt, der unter Christen, im Volk Gottes, vorhanden ist! Es gibt so viel liebloses Kritisieren über die Geschwister! Es gibt so viel schlechtes Gerede hinter dem Rücken!

Hat Jesus das auch so gemacht? Nein, nie! Nie hat Er hinter dem Rücken geredet, etwa über Judas.

Die Gefahr dazu war doch sicherlich vorhanden. Aber nein, Er hat nie hinter dem Rücken des Judas über ihn gesprochen. Ganz sicher nicht!

Wenn Er es getan hätte, dann wäre das am Gründonnerstagabend sichtbar geworden. Als Er sagte: »Einer unter euch wird Mich verraten«, da würde Petrus oder Johannes oder zu wem Er es sonst gesagt hätte, sofort Judas angeschaut haben: »Ach, Du meinst Judas? Du hast ja erst neulich mit mir über ihn gesprochen!« Nein, niemand hat an Judas gedacht. Jeder hat gefragt: »Herr, bin ich's?« Niemand hatte gemerkt, dass Jesus den Judas weniger liebte als die anderen!

So hat Jesus geliebt.

Überlege einmal, was das bedeutet: in täglicher Gemeinschaft mit einem Menschen leben, von dem man weiß: der bringt mich ans Kreuz! Da nicht bitter zu werden! Da in der Liebe zu bleiben!

So hat Jesus geliebt. Und *das* Gebot hat Er uns gegeben, dass wir uns untereinander lieben, wie Er Seine Jünger, wie Er auch uns geliebt hat!

Mein Bruder, kannst du sehen, dass du dem bisher nicht entsprechen konntest? Weißt du, dass du ein schlechter Verkündiger dieser Tugend Jesu gewesen bist? Gib doch der Liebe Raum, die Gott durch seinen Geist in dein Herz ausgießt! Weg mit aller Eigenliebe! Weg mit allem Leben für sich selbst! Damit Raum wird und die Bahn frei wird für Seine Liebe. Damit auch du wie Paulus sagen kannst: »Die Liebe Christi dringet uns also.«

Jesus konnte nicht anders als lieben. Denn Sein ganzes Wesen war Liebe. Wenn Jesus dein Herz erfüllt, dann wird auch dein Leben geprägt sein durch die Liebe, dann wirst du ein Verkündiger Seiner Tugenden werden.

Gib dich Ihm hin: und die Frucht des Geistes ist Liebe.

Die zweite Tugend, von der wir in Galater 5,22 lesen, ist die *Freude*. Wie schwer auch das Leben und der Auftrag Jesu war, Er redet trotzdem von Seiner Freude. In Johannes 15,18 sagt er: »Solches rede Ich zu euch, auf dass Meine Freude in euch bleibe und eure Freude vollkommen werde.« Und worin bestand Seine Freude? Darin, dass Er sich zu jeder Zeit der ungetrübten, ungestörten Gemeinschaft mit Seinem Vater bewusst war. Was die Menschen Ihm auch antaten, die Verbindung mit dem Vater wurde dadurch nicht beeinträchtigt, Seine Freude wurde dadurch nicht gestört.

Diese Freude ist auch für uns da, die Freude, ein Eigentum des Herrn zu sein und bleiben zu dürfen. Das ist eine Freude, die unabhängig ist von äußeren Umständen und Verhältnissen.

Sonst könnte der Apostel nicht schreiben: »Freuet euch in dem Herrn allewege!« und: »Seid allezeit fröhlich!« Man muss nur das Leben des Apostels Paulus anschauen, dann sieht man, dass er diese Freude hatte, dass er sogar im Gefängnis in Phillippi voller Freude war, als er mit Striemen und Wunden bedeckt im Block lag, vielleicht – wer konnte das wissen? – dem Tod durch den Henker ausgeliefert.

Und du? Hast du diese Tugend Jesu verkündigt? Hast du es den Menschen, die Gott nicht kennen, gezeigt, dass Kinder Gottes glückliche und fröhliche Menschen sind? Oder hast du dich von deinen Verhältnissen niederdrücken und verstimmen lassen? Wenn du dich durch Launen und Stimmungen bestimmen lassen hast, dann hast du der Welt gegenüber deine Pflicht nicht erfüllt! Wir sind es der Welt schuldig, ihr zu zeigen, dass es eine großartige und fröhliche Sache ist, ein Eigentum des Herrn, ein Kind Gottes zu sein.

Als Stephanus in den offenen Himmel hinein schaute, legte sich ein himmlischer Glanz auf sein Angesicht. Da sahen alle auf ihn, die im Rat saßen, und sie sahen sein Angesicht wie eines Engels Angesicht. So leuchtete und strahlte es. Wenn du in ständiger Verbindung mit dem Herrn stehst, dann wird sich auch auf deine Stirn der Widerschein Seiner Herrlichkeit legen, und du wirst es der Welt zeigen, dass eine tiefe Freude das Herz der Kinder Gottes erfüllt, die ganz unabhängig ist von äußeren Verhältnissen!

Die dritte Tugend heißt: *Friede*. Jesus hatte Frieden, einen tiefen, immer gleich bleibenden Frieden.

Durch alle Versuchungen und Anfeindungen ist er in tiefer Ruhe hindurch gegangen. Nichts hat Ihn aus Seinem Frieden herausgebracht.

Und diesen Frieden bietet Er uns an! »Frieden lasse Ich euch«, sagt Er, »Meinen Frieden gebe ich euch.« *Seinen* Frieden gibt er uns. Glaubst du nicht, dass Sein Friede ausreicht für dich und die Schwierigkeiten, die dich umgeben? Ganz sicher, *Sein* Friede reicht aus für dich.

Wenn Sein Friede dein Herz erfüllt, dann werden sich die Menschen in deiner Umgebung bald wundern über die Veränderung in deiner Art. Sie werden bald merken, dass du ruhig bleibst, wo du dich früher aufgeregt hast, dass du gelassen bleibst, wenn man dich reizt, und freundlich, wenn man dich beleidigt.

Auf diese Weise verkündigst du die Tugenden Jesu. So zeigst du der Welt etwas von der Herrlichkeit des Herrn.

Wenn doch alle Christen den Frieden Christi verkündigen und offenbaren würden in ihrem Leben!

Und die *Geduld*: welche Geduld hat Jesus gehabt! Wie wenig Verständnis hatten doch die Jünger für ihren Meister bis zum Ende, und mit welcher Geduld hat Er sie unterrichtet! Wenn sie eine Lektion nicht gelernt hatten, dann hat Er sie geduldig noch einmal wiederholt, damit sie die vielleicht beim zweiten Mal lernen würden.

In Markus 6 ist von der ersten großen Speisung die Rede. Darauf folgt die Fahrt über den See, wo Jesus auf dem See wandelte. Als sie das sahen, erschraken sie und entsetzten sich. »Denn sie waren nichts verständiger geworden über den Broten, und ihr Herz war erstarrt« (Mk 6,52).

Was tut der geduldige Meister? Er nimmt dieselbe Lektion noch einmal mit ihnen durch, um sie ihnen durch die Wiederholung einzuprägen. In Markus 8 folgt die Speisung der Viertausend. Genau dieselbe Geschichte, nur mit anderen Zahlen.

Haben die Jünger nun etwas gelernt? Immer noch nicht. Als der Herr sie warnt vor dem Sauerteig der Pharisäer und vor dem Sauerteig des Herodes, da reden sie untereinander: »Das ist's, dass wir nicht Brot haben!« Sie hatten nämlich vergessen, Brot mitzunehmen ins Schiff.

»Und Jesus vernahm das und sprach zu ihnen: Was bekümmert ihr euch doch, dass ihr nicht Brot habt? Vernehmet ihr noch nichts und seid noch nicht verständig ? Habt ihr noch ein erstarrtes Herz in euch? Ihr habt Augen, und sehet nicht, und habt Ohren, und höret nicht, und denket nicht daran, da ich fünf Brote brach unter fünftausend: wie viel Körbe voll Brocken hobt ihr da auf ? Sie sprachen: Zwölf. Da ich aber sieben brach unter die viertausend, wieviel Körbe voll Brocken hobt ihr da auf ? Sie sprachen: Sieben. Und er sprach zu ihnen: Wie vernehmet ihr denn nichts?«

Was für eine Geduld hatte Jesus mit Seinen Jüngern! Ja, Geduld ist eine der Eigenschaften Jesu. Auch heute noch in Seinem Verhalten uns gegenüber. Was für eine Geduld hat Jesus mit den Kindern Gottes!

Und wir? Verkündigen wir diese Tugend Jesu in unserem Leben? Oder lassen wir uns noch ungeduldig zu irgend etwas hinreißen? Ich möchte einmal deine Frau fragen, wenn du verheiratet bist, ob du ein Verkündiger dieser Tugend Jesu bist. Und als Christin – ich möchte deine Kinder und deine Hausangestellten fragen, ob du diese Tugend Jesu verkündigst?

Wie viel Ungeduld gibt es in christlichen Kreisen! Man kann nicht aufeinander warten. Wie schnell und scharf wird gerichtet, wenn ein Bruder »noch nicht so weit ist«, wie schnell wird er zur Seite geschoben: »mit dem wird ja doch nichts!«

Lern doch von Jesus, Geduld zu haben auch mit den Schwächen deiner Geschwister! Der Herr, der das gute Werk in ihnen angefangen hat, der wird es auch vollenden. Hab nur Geduld!

Als Nächstes wird *Freundlichkeit* genannt.

Wie schön sagt Paulus von Jesus: »Da aber erschien die Freundlichkeit und Leutseligkeit Gottes, unsres Heilandes.«

Wie freundlich muss Jesus doch gewesen sein, so dass Zöllner und Sünder so vertrauensvoll ihm gegenüber sein konnten; an die Pharisäer hätten sie sich nicht so herangewagt. Aber Er war so freundlich. Er hatte ein Herz für sie, darum hatte Er auch ein freundliches Wort und einen freundlichen Blick für sie.

Bist *du* freundlich?

Die Welt ist so kalt und unfreundlich, und wir dürfen Sonnenschein in sie hinein bringen durch unsere Freundlichkeit! Ist das nicht herrlich? Freundlichkeit kostet nichts – und sie bewirkt so viel!

Aber wenn die Leute unfreundlich sind! sagst du. Dann wollen wir ihnen gegenüber erst recht Freundlichkeit zeigen. Es gibt so viele Gelegenheiten, Freundlichkeit zu zeigen. Nütze sie doch aus! Mach die Augen auf! Auf der Straße, im Zug, zu Hause, im Büro, überall gibt es Gelegenheiten, Freundlichkeit zu zeigen. Benutze sie! Bald wird es dir selbst gefallen, den Menschen etwas von der Freundlichkeit Jesu zu verkündigen!

Eine weitere Tugend ist die *Güte*. Gott ist gütig. Was bedeutet das?

Ein Bibelvers erklärt es uns: »Er lässt seine Sonne aufgehen über die Bösen und über die Guten und läßt regnen über Gerechte und Ungerechte.«

Ich habe so meine besonderen Gedanken bei diesem Bibelvers. Wer bekommt den Sonnenschein zuerst? Die Bösen, dann erst die Guten. Und wer bekommt das Regenwetter zuerst? Die Gerechten, und dann erst die Ungerechten. Ist das Zufall? Ich glaube nicht. Sondern so macht es der Herr tatsächlich. In Seiner Güte will er die, die noch fern von Ihm sind, anlocken. Er will sie durch Liebe und Güte zu sich ziehen, darum bekommen die »Bösen« den Sonnenschein zuerst.

Ist es bei dir auch so, dass du gegen Nichtchristen besonders gütig bist? Vielleicht hast du es bis jetzt noch nicht so gemacht. Dann tu es jetzt!

Nun kommt eine Tugend, die Luther mit »Glaube« übersetzt hat. Das griechische Wort kann man aber auch mit »*Treue*« übersetzen. Es bedeutet so viel wie Zuverlässigkeit oder Glaubwürdigkeit.

Jesus war treu. Petrus war untreu und hat seinen Meister verleugnet. Aber Jesus war treu. Er blieb immer derselbe. Ja, Jesus Christus gestern und heute und derselbe auch in Ewigkeit.

Und du? Verkündigst du Seine Treue? Bist du zuverlässig? Christen sind Menschen, auf die man sich verlassen kann. Kann man sich auf dich verlassen? Gilt bei dir: »ein Mann – ein Wort«?

Dann kommt die *Sanftmut*. Jesus sagt von sich selbst: »Lernet von Mir, denn Ich bin sanftmütig und von Herzen demütig, so werdet ihr Ruhe finden für eure Seelen.«

Daran liegt es, dass man unruhig ist, solange man nicht sanftmütig ist. Wie wahr ist das! Wer sich aufregt, wer sich nichts gefallen lassen kann, wenn man ihn beleidigt und kränkt, – das ist ein armer, bedauernswerter Mensch. Aber wer gelernt hat, etwas auszuhalten und zu ertragen, Ungerechtigkeit hinzunehmen, – wie glücklich ist der doch!

Jesus hat selbst das Unrecht hingenommen als das Lamm, das zur Schlachtbank geführt wurde und Seinen Mund nicht auftat!

Er war sanftmütig.

Es gehört Mut dazu, sanft zu sein. Normalerweise steht Sanftmut in dieser Welt nicht hoch im Kurs. Jemand, der sanftmütig ist, wird ausgelacht und zieht den Spott auf sich. Deshalb braucht man Mut, um sanft zu sein.

Jesus hatte diesen Mut. Und Er sagt zu dir: Lerne von Mir! Bei Ihm kannst du diesen Mut, sanft zu sein, lernen!

Die letzte Eigenschaft, die hier genannt wird, heißt Keuschheit. Jesus ging durch eine Welt voll mit Sünde und Schmutz – und trotzdem hat sie Ihn nicht befleckt.

Wie sieht es bei dir aus? Verkündigst du auch die Keuschheit Jesu? Wie sieht es in deinem Eheleben aus? So oft liegen hier Gebundenheiten vor, die das ganze Leben behindern und lähmen!

Wir sind berufen dazu, Verkündiger Seiner Tugenden zu sein. Das ist unsere Aufgabe. Das ist unser Vorrecht.

Wenn doch die Welt die Tugenden Jesu in deinem und in meinem Leben zu sehen bekommen würde! Mögen diese Gedanken von Gott dazu gesegnet werden, dass alle Kinder Gottes, die das lesen, sich neu anspornen und antreiben lassen würden, Verkündiger der Tugenden Jesu zu sein, mitten in einer Welt, die Jesus nicht kennt und die Bibel nicht liest! Dass man von dir und von mir sagen kann:

»In Wort und Werk und allem Wesen
sei Jesus und sonst nichts zu lesen!«

Dann sind wir *Verkündiger Seiner Tugenden.*

Gottes Hausgenossen

So seid ihr nun nicht mehr Gäste und Fremdlinge, sondern Bürger mit den Heiligen und Gottes Hausgenossen.

Epheser 2,19

Die Bibel enthält noch etliche Aussagen darüber, was Kinder Gottes sind, wozu die Gnade sie gemacht hat. Wir können sie gar nicht alle einzeln und ausführlich besprechen. Nur eine Aussage wollen wir noch genauer betrachten, die gewissermaßen allen vorangehenden die Krone aufsetzt. Damit wollen wir dann diese Reihe von Bibelbetrachtungen zu diesem Thema abschließen.

An die Epheser schreibt Paulus: »So seid ihr nun nicht mehr Gäste und Fremdlinge, sondern Bürger mit den Heiligen und Gottes Hausgenossen.«

Diese Aussage ist an Leser gerichtet, die früher Heiden gewesen sind. Für Heiden war kein Platz im israelischen Kultus. Zwischen Israel und den heidnischen Völkern bestand eine tiefe Kluft. Selbst wenn jemand, angezogen von der monotheistischen Religion Israels, die Gottesdienste als Proselyt mitfeiern wollte, musste er abseits bleiben. Er durfte nur bis zum Vorhof der Heiden kommen. Er war nur ein Gast und ein Fremder. Nur geborene Juden hatten ein Recht und Anteil an Israels Gottesdienst und auch an Israels Gott.

Das ist jetzt anders geworden. Das hat nun aufgehört. Am Kreuz auf Golgatha hat Gott den Zaun abgebrochen, der zwischen Juden und Heiden aufgerichtet war. Da schuf Er aus zwei einen neuen Menschen.

Jetzt gilt nicht mehr Jude oder Grieche, nicht mehr Sklave oder Freier, jetzt sind sie alle einer in Christus Jesus.

Jetzt nicht mehr Gäste und Fremde! Als der Vorhang im Tempel von oben bis unten zerriss, da war die Scheidewand gefallen, die den Eingang ins Allerheiligste verschlossen hatte, da war der Weg frei ins Allerheiligste der Gegenwart Gottes und der Gemeinschaft mit Ihm.

Was für eine Gnade ist das, dass wir, die von den Heiden abstammen, nicht mehr Gäste und Fremde sind!

Was hatten denn unsere Vorfahren anderen Heiden voraus, dass zu ihnen das Evangelium gebracht wurde, während viele Millionen es heute noch nicht haben? Was wäre, wenn das Evangelium zuerst Asien erobert hätte, anstatt nach Europa zu kommen? Der Apostel Paulus hatte ja gar nicht daran gedacht, es nach Europa zu bringen. In der Apostelgeschichte lesen wir (Apg 16), dass der Heilige Geist es Paulus, als er durch Phrygien und Galatien zog, verwehrte, »zu reden das Wort in Asien«. Zum zweiten Mal trat ihm der Heilige Geist in den Weg, als Paulus nach Mysien gekommen war und durch Bithynien reisen wollte. »Da ließ der Geist es ihnen nicht zu.« Wenn wir uns diese Länder auf der Karte ansehen, erkennen wir, dass der Apostel nach Osten wollte, wohin eine große Handelsstraße führte. Aber Gott führte ihn in ganz bestimmter Weise nach Troas, wo er die Vision hatte von dem Mann aus Mazedonien, der ihn rief und bat: »Komm herüber und hilf uns!«

So ist es gekommen, dass das Wort vom Kreuz zuerst nach Europa kam. So ist es gekommen, dass wir jetzt nicht mehr Gäste und Fremde sind.

Mich hat in letzter Zeit oft der Gedanke bewegt, wie nahe wir daran sind, uns an die Gnade Gottes zu gewöhnen. Das ist eine große Gefahr. Man genießt die Segnungen des Evangeliums, als ob das etwas ganz Selbstverständliches wäre. Man verliert so leicht das Bewusstsein von der Größe und Anbetungswürdigkeit der Gnade Gottes.

Deshalb wollen wir uns heute daran erinnern, welche Gnade es ist, dass wir, die von den Heiden abstammen, nicht mehr Gäste und Fremde sind, nicht mehr fern von den Testamenten der Verheißung, sondern dass wir durch die freie, unverdiente Gnade Gottes Bürger geworden sind mit den Heiligen und Gottes Hausgenossen.

Das gilt jedoch nicht so allgemein von allen, die sich »Christen« nennen. Es gibt unter ihnen leider so viele, die sind noch nicht einmal Gäste, die sind Feinde. Sie wollen nichts von Gott und Seinem Wort wissen, sie wollen Seinen Willen nicht über sich anerkennen. Es gibt so viele, die in Feindschaft gegen Gott leben!

Tust du das auch noch? Oder hast du das getan?

Glücklich ist der, der sagen kann: das war einmal! »Für mich gab Er Sein Leben dar, der ich von Seinen Feinden war.« Lieber Leser, hast du die Versöhnung angenommen, die auf Golgatha geschehen ist, als das Lamm Gottes an unserer Stelle starb? Dann gilt es auch für dich, wie allen die das getan haben: Bürger mit den Heiligen und Gottes Hausgenossen!

Bürger mit den Heiligen! Wie herrlich ist das! Da gibt es keine Kluft mehr wie damals. Sondern wir gehören zusammen mit allen Heiligen alter und neuer Zeit. Wir bilden *ein* Volk, *eine* große Familie Gottes. Ist das nicht wunderbar?

Mitbürger eines Abraham, eines Mose, eines Paulus zu sein, ist das nicht herrlich? All die Knechte Gottes, die dem Herrn gedient haben, all die Kinder Gottes in all den Jahrhunderten und Jahrtausenden sind unsere Mitbürger und wir die ihren. Wir gehören zusammen.

Wenn ich daran denke, dass ich ein Mitbürger mit den Heiligen sein darf, dann zieht diese Gnade Gottes mich in den Staub, dann muss ich anbeten und Ihn loben und preisen. Ich, früher jemand, der nur über Gott spottete und über den Glauben lästerte, ich darf ein Mitbürger der Heiligen sein! Was für eine Gnade, was für eine unverdiente, anbetungswürdige Gnade!

»Muss mich weinend beugen,
wenn ich denke dran,
wie Er sich so freundlich
zu mir neigen kann!«

Aber was ist die Gnade, ein Mitbürger der Heiligen zu sein, sich dem Volk Gottes zugehörig zu wissen, gegen die Gnade, dass wir *Gottes Hausgenossen* sind und sein dürfen!

Gottes Hausgenossen! Was sind das für Leute? Sie machen nicht nur einen flüchtigen Besuch im Haus Gottes, sie kommen nicht nur für eine Stunde oder anderthalb Stunden in der Woche in Gottes Nähe. Nein, Gottes Hausgenossen, das ist etwas anderes. Es bedeutet auch nicht: die Gemeinschafts- und Jugendstunden besuchen. Es bedeutet mehr, viel mehr. Es heißt: im Haus Gottes wohnen, in der Gemeinschaft Gottes bleiben, mit Gott täglichen Umgang und Verbindung haben.

Was für eine Gnade, dass wir, du und ich, Hausgenossen Gottes sein dürfen!

Wenn wir das sind, dann sind wir versorgt und geborgen mit Leib und Seele. Brauchen sich Hausgenossen wohl Sorgen zu machen? Brauchen sie zu fragen: Was werden wir essen? Was werden wir trinken? Womit werden wir uns kleiden? Ist das nicht eine völlig unkluge und überflüssige Sorge?

Meine Hausgenossen – meine Kinder – haben mich noch nie besorgt gefragt, ob sie denn auch etwas zu essen bekommen würden, wenn sie aus der Schule kommen würden, und ob sie auch einen warmen Mantel bekommen würden für die Kälte im Winter. Sie machen sich keine Sorgen. Kindlich und vertrauensvoll überlassen sie die Sorgen den Eltern.

Und die Hausgenossen Gottes? Gibt es nicht unzählige Christen, die sich Sorgen machen? Ist das nötig? Ist das richtig? Weiß unser Vater nicht, was wir brauchen? Können wir ihm nicht vollständig vertrauen? Wenn du ein Kind Gottes bist, ein Hausgenosse Gottes, und du machst dir Sorgen, dann – schäme dich! Glaub es doch: »Der Wolken, Luft und Winden gibt Wege, Lauf und Bahn, der wird auch Wege finden, da *dein* Fuss gehen kann!«

Und wenn irgend etwas passiert, was dich besorgt machen möchte, wenn etwas dich bedrücken und herunter beugen will, dann denke daran: Ich bin ein Hausgenosse Gottes und gehe hin und sage es Ihm! »Hast du eine Sorgenlast, die dir raubet Fried und Rast? Jesu Herz dir offensteht: *mach aus Sorgen ein Gebet*!«

Ja, das ist eine kostbare Erlaubnis, die wir als Gottes Hausgenossen haben: wir dürfen alles unserem Vater sagen. Es ist Ihm nichts zu groß und auch nichts zu klein. Was uns angeht, das geht Ihn auch an. Was uns bewegt, das bewegt Ihn auch. Nicht das Allerkleinste ist für Ihn nebensächlich und gleichgültig. Er hat doch die Haare auf unserem Haupt sogar alle gezählt, wie es in der Bibel steht.

Alles dürfen wir unserem Vater sagen, alles! Es gibt übergeistliche Leute, die glauben, mit den kleinen Dingen des täglichen Lebens dürfte man Ihm nicht kommen. Nein! Das ist eine falsche Vorstellung! Wir dürfen auch mit den kleinen Dingen des täglichen Lebens kommen. Und gerade da ist mir Gott so besonders groß und anbetungswürdig, wenn ich sehe, wie Er sich um meine Kleinigkeiten kümmert, wie Er mir zeigt, wo sich das Buch befindet, das ich verlegt habe, und wie der Name heißt, den ich vergessen haben.

Stehst du in dieser kindlichen Stellung deinem himmlischen Vater gegenüber? Bittest du ihn, »wie die Kinder ihren Vater bitten«? Genierst du dich, so zu kommen? Dann lass mich dir heute diese beiden Worte sagen, die beiden wunderbaren Worte: *Gottes Hausgenossen*!

Gottes Hausgenosse sein, das heißt: Leben im Überfluss haben. Denn die Schatzkammern Gottes stehen uns zur Verfügung. Ich bin einmal in der kaiserlichen Schatzkammer in Wien gewesen. Was für Kostbarkeiten habe ich da gesehen! Wie viel Juwelen und Diamanten, wie viel Perlen und wunderbare Stoffe befanden sich da! Aber von diesen ganzen Kostbarkeiten war nichts für mich. Nicht einer von den vielen hundert Brillanten war für mich, kein einziger! Alle Leute, die in die Schatzkammer kamen, um sich die Schätze darin anzusehen, waren um nichts reicher, als sie hinaus gingen, als wie sie herein gekommen waren.

Aber den Hausgenossen Gottes stehen die Schätze der Herrlichkeit zur Verfügung. Da heißt es nicht:

»Wir bitten Sie, die Gegenstände nicht zu berühren«, sondern da heißt es: Alles für euch!

Hausgenossen Gottes erfahren es: die den Herrn fürchten, haben *keinen Mangel an irgendeinem Gut.*

Ist das nicht Herrlichkeit?

Aber trotzdem ist es nicht bloß Herrlichkeit und Seligkeit, ein Hausgenosse Gottes zu sein. Wie es in einem geordneten Hauswesen eine Hausordnung gibt, nach der sich alle Hausgenossen richten, so gibt es auch eine Hausordnung im Haus Gottes. Da gibt es einen Willen, der beachtet werden muss. Da kann man nicht tun und lassen, was man will. Da hat man in allem zu fragen: Herr, was willst du, dass ich tun soll?

Vor kurzem war ich bei einer Familie zum Essen eingeladen. Der Sohn wollte gern früher aufstehen, weil er im Gemeindehaus, in das wir am Nachmittag gehen wollten, noch etwas erledigen wollte. Aber so ohne weiteres aufstehen, das ging nicht, das wäre gegen die Hausordnung gewesen. Darum fragte er: »Vater, darf ich schon aufstehen?« Da erlaubte es der Vater, und er stand auf.

Nicht wahr, das ist in einem geordneten, christlichen Haus selbstverständlich? Aber noch viel mehr sollte es im Haus Gottes selbstverständlich sein, dass da nicht jeder tun und lassen kann, was er will, sondern dass da der Wille Gottes von allen Hausgenossen gern und mit Freuden zu geschehen hat.

Weißt du das? Denkst du daran? Oder hat es daran nicht am Ende manchmal gefehlt? Nun, dann denke jetzt daran, was du als Hausgenosse Gottes dem Vater schuldig bist. Dass Sein Wille Gehorsam erwartet, und zwar freudigen Gehorsam. »Deinen Willen tue ich gern«, das ist die Losung der Hausgenossen Gottes. Ist es auch deine? Tust du den Willen Gottes? Und tust du ihn *gern*?

Und noch etwas: Denkst du auch an die Aufgabe, dass wir Hausgenossen Gottes Ihn zu repräsentieren, Ihn zu vertreten haben, wohin wir kommen? Denkst du daran? Nichtchristen beurteilen Gott nach uns, die wir uns Seine Kinder nennen. In der Fabrik und in der Werkstatt, in der Schule und im Laden, in der Eisenbahn und in der Straßenbahn, auf der Baustelle und auf dem Feld, in der Kaserne und in der Küche, überall haben wir die Verantwortung, uns als Gottes Hausgenossen zu beweisen, damit die Welt einen Eindruck bekommt von der Herrlichkeit, ein Kind Gottes zu sein.

Schon eher haben wir davon gesprochen, dass wir berufen sind, Verkündiger der Tugenden Jesu zu sein. Das ist dasselbe.

Wir wollen daran denken, dass wir als Hausgenossen Gottes entweder unseren Gott verunehren und Ihm Schande machen können, oder dass wir Ihn verherrlichen können, dass die Menschen, wie Jesus gesagt hat, unsere guten Werke sehen und unseren Vater im Himmel preisen.

Gottes Hausgenossen! Hier schon im täglichen Umgang mit Ihm, was für eine Gnade! Er redet mit uns in Seinem Wort, wir reden mit Ihm im Gebet. So empfangen wir Aufträge und Weisungen, so bekommen wir Licht und Kraft, Frieden und Freude, Leben und Herrlichkeit von Ihm jeden Tag, zu jeder Zeit. Ist das nicht herrlich, Gottes Hausgenossen sein zu dürfen?

Und einst, wenn wir aus dem Glauben ins Schauen gelangt sein werden, einst, »wenn von dem Aug' des Glaubens lichte Hülle, wie Nebel vor der Morgensonne fällt«, dann dürfen wir bei Ihm daheim sein in der

Herrlichkeit! Dann dürfen wir mit Abraham, Isaak und Jakob im Himmelreich sein, dann dürfen wir Ihn sehen, den unsere Seele liebt, unseren Gott und das Lamm!

Gottes Hausgenossen! Dann wird es keine Versuchung und keine Anfechtung mehr geben. Da wird zur Sünde keine Möglichkeit mehr sein. Da wird nichts mehr uns scheiden und trennen können von der Gemeinschaft Gottes.

»Erben Gottes und Miterben Christi«, sagt der Apostel. Gottes Hausgenossen! Ewig, ewig!

»Wie wird uns sein, wenn wir vom hellen Strahle
des ewgen Lichtes übergossen stehn
und – o, der Wonne! – dann zum ersten Male
uns unberührt von aller Sünde sehn!
Wenn wir, durch keinen Makel ausgeschlossen
und nicht zurückgescheucht von Schuld und Pein,
als Himmelsbürger, Gottes Hausgenossen
eintreten dürfen in der Selgen Reihn!«

Bücher von Ernst Modersohn

Menschen, mit denen Gott mich zusammenführte
112 Seiten, Bestell-Nr. 477 829
Es sind viele Menschen, denen Ernst Modersohn begegnet ist. Jede Begegnung war ein Stück »Himmel auf Erden«. Er berichtet in diesem Buch von Begegnungen, die ihm zum Segen wurden; u. a. von Kurt von Knobelsdorff, Gottlieb Fischer, Julius Dammann, Bildhauer Schmitt, Theodor Jellinghaus, Jonathan Paul, Fritz Ötzbach, Ludwig Henrichs, Hans Werner von Tiele-Winckler, Elias Schrenck, Fritz Binde, Mutter Utzelmann u.v.a.
Beim Lesen dieses Buches entdecken Sie, dass Gott auch aus Ihrem Leben etwas machen kann und dass die Menschen, mit denen Gott Sie zusammenführt, auch Ihnen zum Segen werden.

Erfahren und erlebt mit Gott
80 Seiten, Bestell-Nr. 477 774
Ernst Modersohn hat sehr viel mit Gott erlebt. An seinen wunderbaren Erfahrungen möchte er Sie teilhaben lassen. Die Erlebnisse sind voll von Überraschungen, oft aber auch ganz Alltägliches. Doch gerade das macht das Buch lesenswert.

Und Gott war mit Josef
Warum war sein Leben so gesegnet?
208 Seiten, Bestell-Nr. 70600

Das Besondere dieses Buches ist, dass hier nicht nur über einen Mann des Alten Bundes berichtet wird, sondern dass dieser Mann in unsere Zeit hineingestellt wird und wir persönlich angesprochen werden.
Obgleich Josef so schwere Wege gehen musste, blieb er ein Mann vor Gott. So konnte Gott ihn zu einem Menschen des Segens machen. Das Leben Josefs zeigt, dass Leiden und

Nöte des Lebens eine Person mit Tiefgang versehen und für die großen Aufgaben, die Gott für die Seinen hat, ausbilden und erziehen.

Lohn der kleinen Kraft
Auslegungen zum Sendschreiben an die Gemeinde in Philadelphia
72 Seiten, Bestell-Nr. 477 773
Biblische Betrachtungen über den Brief des auferstandenen und wiederkommenden Herrn an die Gemeinde in Philadelphia aus dem Buch der Offenbarung. Das Wort Ernst Modersohns, das er der Gemeinde Jesu Christi zu sagen hat, ist heute noch genauso wichtig oder noch wichtiger als zur Zeit des ersten Erscheinens dieser Schrift. Der Name des Autors bürgt für eine gediegene Auslegung, die im Wort Gottes »gräbt« und den praktischen Bezug zum Alltag deutlich macht.

Was Kinder Gottes wissen
Biblische Betrachtungen
80 Seiten, Bestell-Nr. 477 818
Was Kinder Gottes wissen? Mancher schüttelt den Kopf, wenn er diese Überschrift liest. Kinder Gottes reden vom »Wissen«? Von »Wissen« zu reden, das ist Anmaßung! Nein, das ist keine Anmaßung! Kinder Gottes wissen wirklich allerlei. Es ist sogar ein ganz wunderbares Wissen, das die ganze Welt umfasst mit Himmel und Erde, Vergangenheit, Gegenwart und Zukunft. Die Schrift sagt uns an vielen, vielen Stellen, was Kinder Gottes wissen. In diesem Buch sind zahlreiche Punkte herausgegriffen, die von ganz besonderer Wichtigkeit sind für das Leben der Kinder Gottes. Der Autor macht Mut zum Hineinstudieren in dieses Wissen der Kinder Gottes, damit jeder Vers unterschrieben wird und man sich freuen kann: »Nun weiß ich das und bin erfreut und rühme die Barmherzigkeit!«

Bitte bestellen Sie diese Bücher in Ihrer Buchhandlung!